经济预测科学丛书

中国公共租赁住房的发展与融资问题研究

闫 妍 著

科学出版社

北 京

内 容 简 介

公共租赁住房（简称公租房）已经成为我国在未来重点发展的保障性住房，本书重点研究公租房的发展模式和融资模式。作者对全国 20 个城市公租房的发展现状进行实地调研，发现公租房社区存在空置率高、位置偏远、质量差等问题，很多公租房都是成片建设，中低收入家庭居住地的空间聚集在未来可能会导致出现经济分割现象，作者建议发展混合收入社区，在中低价位商品房、两限房中配建一定比例的公租房。我国公租房建设主要有四个资金来源：财政补贴、住房公积金、银行贷款和土地出让净收益。公租房资金来源的可用期限较短，而租金回收期长达 20～30 年，针对公租房资金供给和需求之间的期限错配，本书提出用资产证券化的方式为公租房融资，对公租房收益权资产进行证券化，成立公共住房信托投资基金，引入国家信用担保使公租房的投资更有吸引力。

本书适合经济、金融、房地产方面的研究人员和管理人员阅读。

图书在版编目（CIP）数据

中国公共租赁住房的发展与融资问题研究 / 闫妍著. —北京：科学出版社，2016.11

（经济预测科学丛书）

ISBN 978-7-03-049491-7

Ⅰ. ①中⋯ Ⅱ. ①闫⋯ Ⅲ. ①租房-住宅金融-融资-研究-中国 Ⅳ. ①F299.233.3

中国版本图书馆 CIP 数据核字（2016）第 179815 号

责任编辑：王景坤 陶 璇 / 责任校对：邹慧卿
责任印制：霍 兵 / 封面设计：无极书装

科学出版社 出版
北京东黄城根北街 16 号
邮政编码：100717
http://www.sciencep.com

北京通州皇家印刷厂 印刷
科学出版社发行 各地新华书店经销

*

2016 年 11 月第 一 版 开本：720×1000 1/16
2016 年 11 月第一次印刷 印张：8 3/4
字数：178 000

定价：58.00 元
（如有印装质量问题，我社负责调换）

丛书编委会

主　编：汪寿阳

副主编：黄季焜　魏一鸣　杨晓光

编　委：（按姓氏汉语拼音排序）

陈　敏　　陈锡康　　程　兵　　范　英　　房　勇

高铁梅　　巩馥洲　　郭菊娥　　洪永淼　　胡鞍钢

李善同　　刘秀丽　　马超群　　石　勇　　唐　元

王长胜　　王　珏　　王　潼　　汪同三　　王维国

吴炳方　　吴耀华　　杨翠红　　余乐安　　张林秀

张　维　　曾　勇　　郑桂环　　周　勇　　邹国华

总　　序

中国科学院预测科学研究中心（以下简称中科院预测中心）是在全国人民代表大会常务委员会原副委员长、原中国科学院院长路甬祥院士和中国科学院院长白春礼院士的直接推动和指导下成立的，由中国科学院数学与系统科学研究院、中国科学院地理科学与资源研究所、中国科学院科技政策与管理科学研究所、中国科学院遥感应用研究所、中国科学院大学和中国科技大学等科研与教育机构中从事预测科学研究的优势力量组合而成，依托单位为中国科学院数学与系统科学研究院。

中科院预测中心的宗旨是以中国经济与社会发展中的重要预测问题为主要研究对象，为中央和政府管理部门进行重大决策提供科学的参考依据和政策建议，同时在解决这些重要的预测问题中发展出新的预测理论、方法和技术，推动预测科学的发展。其发展目标是成为政府在经济与社会发展方面的一个重要咨询中心，成为一个在社会与经济预测预警研究领域中有重要国际影响的研究中心，成为为我国和国际社会培养经济预测高级人才的主要基地之一。

自 2006 年 2 月正式挂牌成立以来,中科院预测中心在路甬祥副委员长和中国科学院白春礼院长等领导的亲切关怀下，在政府相关部门的大力支持下，在以原全国人民代表大会副委员长、著名管理学家成思危教授为主席的学术委员会的直接指导下，四个预测研究部门团结合作，勇攀高峰，与时俱进，开拓创新。中科院预测中心以重大科研任务攻关为契机，充分发挥相关分支学科的整体优势，不断提升科研水平和能力，不断拓宽研究领域，开辟研究方向，不仅在预测科学、经济分析与政策科学等领域取得了一批有重大影响的理论研究成果，而且在支持中央和政府高层决策方面做出了突出贡献，得到了国家领导人、政府决策部门、国际学术界和经济金融界的重视与高度好评。例如，在全国粮食产量预测研究中，中科院预测中心提出了新的以投入占用产出技术为核心的系统综合因素预测法，预测提前期为半年以上，预测各年度的粮食丰、平、歉方向全部正确，预测误差为远低于西方发达国家的预测误差；又如，在外汇汇率预测和国际大宗商品价格波动预测中，中科院预测中心创立了 TEI@I 方法论并成功地解决了多个国际预测难题，在外汇汇率短期预测和国际原油价格波动等预测中处于国际领先水平；再如，在美中贸易逆差估计中，中科院预测中心提出了计算国际贸易差额的新方法，从理论上证明了出口总值等于完全国内增加值和完全进口值之和，提出应当以出口增加值来衡量和计算一个国家的出口规模和两个国家之间的贸易差额，发展出一个新的研究方向。这些工作不仅为中央和政府高层科学决策提供了重要的科学依据和政策建议，所提出的新理论、新方法和新技术也为中国、欧洲、美国、日本、东南亚和中东等国家和地区的许多研究机构所广泛关注、学习和采用，产生了广泛的社会影响，并且许多预测报告的重要观点和主要结论为众多国内外媒体大量报道。最近几年来，中科院预测中心获得了 1 项国家科技进步奖、6 项省部级科技奖一等奖、8 项重要国际奖励，以及张培刚发展经济学奖和孙冶方经济学奖等。

中科院预测中心杰出人才聚集，仅国家杰出青年基金获得者就有 18 位。到目前为止，中心学术委员会副主任陈锡康教授、中心副主任黄季焜教授、中心主任汪寿阳教授、中心学术委员会成员胡鞍钢教授、石勇教授和张林秀教授，先后获得了有"中国管理学诺贝尔奖"之称的"复旦管理学杰出贡献奖"。中科院预测中心特别重视优秀拔尖人才的培养，已经有 2 名研究生的博士学位论文被评为"全国优秀博士学位论文"，4 名研究生的博士学位论文获得了"全国优秀博士学位论文提名奖"，6 名研究生的博士学位论文被评为"中国科学院优秀博士学位论文"，2 名研究生的博士学位论文被评为"北京市优秀博士学位论文"。

为了进一步扩大研究成果的社会影响和推动预测理论、方法和技术在中国的研究与应用，中科院预测中心在科学出版社的支持下推出这套"经济预测科学丛书"。这套丛书不仅注重预测理论、方法和技术的创新，而且也关注在预测应用方面的流程、经验与效果。此外，丛书的作者们将尽可能把自己在预测科学研究领域中的最新研究成果和国际研究动态写得通俗易懂，使更多的读者和所在机构能运用所介绍的理论、方法和技术去解决他们在实际工作中遇到的预测难题。

在这套丛书的策划和出版过程中，科学出版社总经理林鹏先生、分社社长陈亮先生和马跃先生提出了许多建议，做出了许多努力，在此向他们表示衷心的感谢！我们要特别感谢路甬祥院士、中国科学院院长白春礼院士、副院长施尔畏教授、副院长李静海院士、副院长詹文龙院士、副院长丁仲礼院士、副院长阴和俊教授、副院长张亚平院士、党组副书记方新教授、秘书长邓麦村教授、副秘书长何岩教授、副秘书长潭铁牛教授、副秘书长曹效业教授和副秘书长邓勇教授等领导长期对预测中心的关心、鼓励、指导和支持！没有科学院领导们的特别支持，中科院预测中心不可能取得如此大的成就和如此快的发展。感谢依托单位——中国科学院数学与系统科学研究院，特别感谢原院长郭雷院士和院长王跃飞教授的长期支持与大力帮助！没有依托单位的支持和帮助，难以想象中科院预测中心能取得什么发展。特别感谢学术委员会主席成思危教授的精心指导和长期帮助！中科院预测中心的许多成就都是在他的直接指导下取得的。还要感谢给予中科院预测中心长期支持、指导和帮助的一大批相关领域的著名学者，包括中国科学院数学与系统科学研究院的杨乐院士、万哲先院士、丁夏畦院士、林群院士、陈翰馥院士、崔俊芝院士、马志明院士、陆汝钤院士、严加安院士、刘源张院士、李邦河院士和顾基发教授，中国科学院遥感应用技术研究所的李小文院士，中国科学院科技政策与管理科学研究所的牛文元院士和徐伟宣教授，上海交通大学的张杰院士，国家自然科学基金委员会管理科学部的李一军教授、高自友教授和杨列勋教授，西安交通大学的汪应洛院士，大连理工大学的王众托院士，中国社会科学院数量经济与技术经济研究所的李京文院士和汪同三学部委员，国务院发展研究中心李善同教授，香港中文大学刘遵义院士，香港城市大学郭位院士和黎建强教授，航天总公司 710 所的于景元教授，北京航空航天大学任若恩教授和黄海军教授，清华大学胡鞍钢教授和李子奈教授，以及美国 Princeton 大学邹至庄教授和美国康奈尔大学洪永淼教授等。

许国志院士在去世前的许多努力为今天中科院预测中心的发展奠定了良好的基础，而几年前仙逝的钱学森院士也对中科院预测中心的工作给予了不少鼓励和指导，这套丛书的出版也可作为中科院预测中心对他们的纪念！

汪寿阳

自序（一）
——谨以此文沉痛悼念恩师成思危先生

我国著名经济学家，第九、第十届全国人大常委会副委员长成思危先生于 2015 年 7 月 12 日凌晨病逝，享年 80 岁。我是成先生第一个硕博连读生，博士期间在成老师的指导下研究房地产问题，很荣幸能在 20～30 岁这一人生最关键的阶段得到学术大师的指导，他的精神境界、思想高度都深深地影响着我，这篇怀念文章写于 2015 年 6 月 30 日。一日为师，终身为父，谨以此文表达我对成老师的感激与深深的怀念！

2008 年，我在博士学位论文的后记中写道：

首先，我要感谢我的两位恩师——成思危教授和汪寿阳教授。从他们身上，我不仅收获了知识，还深深地体会着人生更高层次的境界。大学时，我曾经苦恼，觉得人生好短暂，50 多岁就要退休了；我曾经困惑：人为什么活着？跟随成思危教授和汪寿阳教授读博士的五年，我的心明亮了。

2002 年 10 月，我是南开大学金融学系大学四年级的学生，学分并不高，在全系 110 人里排第 55 名，但鉴于我是南开大学金融系（据说是建系以来）第一个完成数学双学位的学生，还在国际数学建模比赛中获奖，时任南开大学金融系系主任的马君潞教授破格给了我保送研究生的资格，我给中国科学院数学与系统科学研究院的常务副院长——汪寿阳教授写信，希望跟随汪教授读硕士。幸运的是，2002 年，全国人大常委会副委员长成思危先生在中国科学院研究生院管理学院招收第一届硕博连读生，汪教授将我和另外一名北大的同学推荐给成先生。

2002 年 10 月，成先生在全国人大会议中心对我们两个大四学生进行了面试。因为是第一次见国家领导人，我当时很紧张，还好，成先生非常和蔼，面试像聊天一样。成先生根据我的个人介绍提了一些问题，比如"你学过什么数学课"。记得他还给我讲了些复杂系统科学的知识，问我对这方面是否有了解，我谈了对"混沌"和"分形"的粗浅认识。最后，成先生说："谢谢你！数学系学金融的多一些，而金融系再去学数学的很少。你的知识面宽，但是读博士要术业有专攻，希望你今后可以在某个领域深入研究，取得成绩！"

原本是二选一，但我和李自然同学都得到了成先生的认可，我们两个都被录取了。在回天津的火车上，我泪流满面，本来大一开始准备托福、GRE，想毕业后出国，但还是更喜欢数学，读了数学双学位，每学期考 20 多门课，很累，精力不够用，学分也受到影响！发自内心地感谢成思危教授、汪寿阳教授、马君潞教授不拘一格降人才！让我有幸师从国内著名经济学家，也让我一个 20 出头的年轻人感悟：天道酬勤！只要努力，结果总会是好的。

我被录取后可以参加成老师的讨论班，讨论班大约 1 个月一次，地点在全国人大会议中心或中国科学院研究生院管理学院。2002 年年底，我第一次参加讨论班，成老师跟我说，未来 10 年，中国房地产市场会有大的发展，在你毕业时，中国将很需要房地产方面的人才，希望你做房地产方面的研究。现在回过头看，2002～2012 年确实是中国房地产市场高速发展的阶段，不得不让人佩服成先生的高瞻远瞩。

那时候，成先生也是民建中央主席，2005～2006 年，成先生非常关注保障性住房的问题，连续两年，民建中央向两会的提案都涉及经济适用房和廉租房问题，让我也做了一些这方面的研究工作。2005 年 3 月和 2006 年 3 月，建设部、国土资源部、财政部和中国人民银行的领导同志对民建中央提案进行回访，成先生让我和几位同志给各位部长、司长介绍我们对保障性住房的研究成果。当时我只有 20 多岁，紧张是必然的，但是科学的调查和研究是没有年龄歧视的，面对各位领导的提问和质疑，我回答不完整的时候，成先生会帮我补充，衷心地感谢成老师给我这些宝贵的锻炼机会！

成先生的观点是有科学依据的，2005 年，社会上普遍认为，房价较高是因为开发商获取了高额利润，要求开发商公开成本。2006 年上半年，成先生让我去房地产评估公司和房地产企业实习，我拿到北京市 68 个楼盘的真实房价构成，得到土地费用、建安成本、税费和开发商利润在房价中的实际比例，也就是地方政府、建筑企业和开发商从高房价中获得的收益情况，并在 2008 年 3 月世界不动产联盟组织的峰会上发布了我的研究成果，引起一定的社会反响。成老师对我说，我们不是替哪家说话，而是用事实说话！2005～2008 年，成老师经常让我帮他查一些国内外房地产方面的数据，他自己也在做研究、思考问题。

成先生支持交叉学科的发展与合作。2007 年，成老师推荐我参加由美国圣塔菲研究所（世界著名复杂系统研究机构）组织的暑期学校，班上 50 个同学来自20 余个不同的国家，专业涉及物理学、数学、生物学、经济学、人类学等不同领域，结课时老师要求大家利用复杂系统科学方法分组研究一个实际问题。在国内调研保障房时，我发现，很多地方都是将经济适用房或廉租房集中建设在一个社区中，而国际经验表明，廉租房的成片建设将导致低收入家庭的高度聚集，在长期会引发很多社会问题。围绕这一问题，我们组完成了 *Evolution of Economic Segregation Using Agent Based Model*，得到圣塔菲专家的普遍认可，在毕业典礼上，我还被选为学生代表发言。我向成老师汇报了在暑期学校的工作，在他的指导下，我们提出"发展混合收入社区，不再提倡大规模、单一类型的廉租住房社区建设，在中低价位商品房、经济适用房和两限房社区中配建一定比例的廉租房"，这一建议后来得到主管部门的关注和认同。

成先生虽身居高位，但是为人谦和，思想包容。成先生的研究领域之一"复杂系统科学"中很多思想和方法受到物理学的启发。我从 2010 年开始与中国科学院理论物理研究所的副所长陈晓松研究员合作，用物理的方法和思路研究金融复杂系统，成先生得知后非常支持，还请陈晓松研究员来管理学院做了一次讲座——"统计物理方法在经济金融领域的应用"。

2012 年至今，我在校内外给本科、硕士、MBA 讲课时多次讲到一个主题——"以我十年来的研究经历谈《从模型至上到思想治国》"。跟随成老师的学习让我深刻地感受到"思想"在指引国家战略发展时的重要作用。在大数据时代，数学和物理方法能够帮我们"在混沌中发现秩序"，我希望自己的研究工作能够更好地体现"模型与思想的融合"。2015 年 3 月，我作为第一作者的关于金融复杂系统的研究成果得到两位国家主要领导人的批示，并作为"本刊专稿"发表在国内管理学排名第一的学术期刊《管理世界》（2015 年第 6 期）上。很希望成老师能看到这篇应用"复杂系统科学的思想和模型"发现客观规律并提出政策建议的文章。您是我人生的引路人，感谢成老师多年来对我的悉心指导！

跟随成老师学习的十余年，我的内心总是充满感激。我在写博士论文后记时、写这篇回忆文章时，都是感动的思绪伴着感动的眼泪。成先生曾说过，"慷慨陈词，岂能皆如人意，鞠躬尽瘁，但求无愧我心"。他对中国股市健康发展和中低收入家庭住房保障等社会经济问题的关注和深入研究，对于事实真相的直言不讳，都让我深深地感受到一个经济学家的社会责任感。我自己也会更加不懈地努力和追求，在学术上争取创作出更多高质量、有意义的研究成果，为中国的经济和金融发展贡献绵薄之力！

带着大家的感恩和敬佩，成先生还是走了，但他永远活在我们的心中！近来，国内外的社会各界都在悼念成先生，大家从不同角度回顾他对中国经济包括对虚拟经济、风险投资、虚拟商务、金融市场、房地产市场等各方面的贡献。我在房地产方面的研究最初也得益于成老师的指导，成老师主张理论联系实际，以实地调研为基础，对现象和数据进行深入的分析和研究，评介国际经验，提出政策建议。深深地怀念成老师，感谢您给我的人生智慧与启迪！师恩永远难忘！深深地鞠躬！

闫 妍

中国科学院大学管理学院

2016 年 7 月 27 日于北京

自序（二）

——致谢

在攻读博士期间，我的研究工作涉及房地产市场的很多领域，包括房价构成、房价预测、房地产泡沫、房地产信托、住房抵押贷款证券化和保障房建设等。2011～2014 年，我在国家信息中心做博士后研究工作。针对国家当前急需解决的问题，结合我的研究工作基础，我的博士后导师宁吉喆教授为我确定了选题"中国公共租赁住房的发展和融资问题研究"。这本书主要是基于我的博士后研究工作完成的，其中也有一部分是博士期间的研究成果。

我自 2005 年开始对保障性住房问题做些研究，最初是关注经济适用房和廉租房，思考如何解决好中低收入家庭的住房保障问题。在实地调研和数据分析的过程中，我发现了保障房领域存在以下几个问题：一是有些住在经济适用房中的人并不是中低收入家庭，也就是当时媒体报道的"开宝马奔驰住经济适用房"现象，部分经济适用房的建筑面积过大，这涉及保障性住房的建设标准、申请条件和审核机制的问题；二是廉租房的成片建设，我曾对廉租房社区入户调研，居住者中不乏孤寡老人、残疾人、刑满释放人员等社会生存能力较弱的人，国家将廉租房分配给他们确实是解决了部分低收入家庭的住房问题，但是发达国家的经验表明，低收入群体在居住空间上的集中，会导致一些社会问题，这涉及保障房建设该如何选址和如何分配；三是公共租赁住房建设的钱从哪里来，也就是公共租赁住房的融资问题，公共租赁住房的土地是政府无偿划拨的，在政府受到土地财政制约的情况下，能否通过合理的机制，使社会资本参与到公租房建设和资金筹集中。带着对这三个问题的思考，我尝试开展博士后研究工作。

最初我是想研究保障性住房的问题，但是中国有很多不同类型的保障房，如经济适用房、廉租房、公共租赁住房、棚户区改造等，范围还是有些大。国家信息中心的博士后论文主张小题大做，深入研究，而不是将一个很大的题目做得面面俱到，每个部分只能点到为止。经过与导师讨论，我把研究选题聚焦到"公共租赁住房"，但是公共租赁住房也有很多可以研究的问题。2011 年 3 月，温家宝总理表示，加快保障性住房建设，预计在今后 5 年能够建设 3600 万套保障性住房。保障性住房除了棚户区改造以外，主要用于公租房和廉租房。这 3600 万套保障房的钱从哪里来，该以什么样的模式发展，如果集中成片建设，未来是否会出现贫民窟问题。

基于以上考虑，我确定了博士后研究的选题"中国公共租赁住房的发展与融资问题研究"。在论文写作过程中,我得到了宁老师"理论联系实际"的指导。在跟随宁老师做博士后研究的几年里,我听过他对产业转型升级、保障房、财税改革、海洋经济、高校债务等问题的真知灼见,他对情况了解之全面、对事件本质把握之准确、对未来发展趋势的高瞻远瞩,都让我非常敬佩。宁老师工作非常繁忙,但他仍然在百忙之中抽出时间给我们几个博士后的论文提修改意见。

2014 年 6 月,我完成了国家信息中心的博士后工作报告,此后的一年中,在博士后研究工作的基础上,我结合近 10 年来对保障房研究的工作积累,完成了本书的写作。在论文写作和本书成稿的过程中,得到了各位老师、领导、同学、朋友和家人的支持。

首先,衷心感谢我的博士生导师成思危教授和汪寿阳教授、博士后导师宁吉喆教授对我的培养和指导。他们高屋建瓴的指引、对选题和研究方向的把握是本书最终成稿的重要基础。

感谢我的合作者中国航空工业集团董事长林左鸣教授。他提出的广义虚拟经济理论、容介态理论,都让我深受启发,他在繁忙的企业管理工作之余,还在思考理论创新,让我深切地感受到一个大企业家和学者"先天下之忧而忧"的思想境界。

感谢我的合作者中国科学院理论物理研究所副所长——陈晓松研究员、"百人计划学者"王延颋研究员。我们共同用统计物理的方法研究经济复杂系统,"在混沌中发现秩序"。

感谢国家信息中心的杜平主任、王长胜主任、范剑平主任、李凯主任、祝保良主任、吕欣处长在博士后研究期间对我的帮助、指导与支持。感谢国务院研究室的范必司长、中国人民大学的邓荣霖教授、中国社会科学院的谷源洋教授、中国科学院大学的杜澄教授、董纪昌教授等专家对我博士后论文给予的意见和建议。

在国家信息中心博士后工作站学习的四年,也认识了很多朋友。感谢我的同门王云平博士、马衍伟博士、李秋怀博士,我的同学陈超博士、赵辰昕博士、陈德胜博士、田晓琳博士、梁季博士、郭燕卿博士、冯婷婷博士、吕汉阳博士、马光远博士、朱振博士、尹国平博士、李鹏博士。感谢国家信息中心博士后工作站的工作人员杨月圆老师和樊辉老师。感谢中国国际经济交流中心的张焕波博士、中国社会科学院的蔡冀飞博士在博士后工作期间对我的支持。感谢同学和朋友们对我的帮助。在国家信息中心,我们以文会友,大家相互学习、相互帮助,能参与其中让我感到十分荣幸!

感谢中国政法大学"成思危现代金融菁英班"的学生,参与我博士后论文中关于全国部分城市公租房发展现状的调研,为我提供了实地调研的第一手资料。

感谢我的父母、丈夫和女儿,亲情永远是我最重要的支撑!

有时会想,自己真的很幸运:在人生道路上得到了这么多名师、高人的指点。

我只有更加不懈地努力和追求，既要"仰望星空"，更要"脚踏实地"，在学术上争取作出更多高质量的研究成果，为中国经济和金融的发展尽绵薄之力。

本书还得到国家自然科学基金（编号：71103179，71573243）、中科院青年创新促进会基金（编号：2015359）和中国科学院大数据挖掘与知识管理重点实验室开放课题的经费支持，特此感谢。

闫　妍

2016 年 9 月 10 日于北京

目　　录

第一章　中国保障性住房的发展历史

1998 年，中国城镇住房制度改革开启了我国的"住房商品化"时代。在此后的十余年中，我国各城市的住房价格普遍出现了快速上涨，尤其是在国内一些人口密集、土地资源相对稀缺、人口流动性大、人均收入水平较高的大城市。普通居民的住房可支付能力持续下降，部分中低收入家庭，甚至是中等收入家庭，很难通过市场解决住房问题。

"衣、食、住、行"是百姓基本的生活需求，如何在"高房价时代"解决好老百姓"住"的问题，业已成为各级政府都十分关心的"民生问题"。尤其是在房价过高的一线城市，多层次劳动力结构是维持城市正常运行的重要保障，但是对于收入水平较低、无力在市场上买房或租房的家庭，只有通过政府提供的保障性住房才能解决他们的基本居住需求。

这部分将回顾我国城镇住房制度的发展历程，概述我国保障性住房的几种主要类型。由于国家已明确提出，公共租赁住房是未来我国保障性住房的发展重点，我们在这部分也将概括性地介绍我国公共租赁住房的总体情况及我国对公共租赁住房的政策支持。

第一节　中国城镇住房制度的发展历程

住房制度的建立与完善关系到人类的生存与发展，也关系到社会的稳定和经济的进步（成思危等，1999；闫妍，2008）。1998 年以前，我国主要实行实物住房分配制度，即所谓的"福利分房"，国家保障解决每个职工家庭的住房问题，因此我国的住房制度可追溯到新中国成立之初。

一、第一阶段：计划经济时代的住房分配制度（1949～1978 年）

在新中国成立之初，我国全面实行计划经济，实行"统一建设，统一分配"的低租金住房分配制度。由于工资水平低，租金定价也低，无法满足维护和保养住房的正常资金需求，不足部分及北方的暖气费由国家补贴。而住房建设资金主要来源于各级财政拨款，各级政府财政负担日益加重。尽管政府已经支付了很多资金用于住房建设，但是居民的住房条件并未得到明显的改善（成思危等，1999；闫妍，2008）。

二、第二阶段：试点售房阶段（1979～1985 年）

1978 年，邓小平同志首次提出"住房私有化""分期付款购房"等市场经济的观点，突破了住房公有制、福利制的传统观念。1980 年 6 月，《全国基本建设工作会议汇报提纲》提出，"准许私人建房、私人买房，准许私人拥有自己的住宅"，正式允许实行住房商品化政策。1980 年，各省、市、自治区相继进行售房试点，尝试更多样的付款政策，可一次付清，也可以分期偿还，付款年限为 2～15 年，贷款利率也有所差异。但是民众对新生事物的接受还有个过程，并且当时群众的收入水平不高，仅有的收入仍是优先满足吃饱穿暖的需求，截至 1981 年年底，全国仅出售 3000 套住房。

为了促进住房销售，国家实行补贴售房的政策，个人只需支付房款的 1/3，其余 2/3 由地方政府及职工所在单位分担补贴。1985 年年底，已有 27 个省、直辖市、自治区的 160 个城市和 300 个县镇进行了试点。但是由于企业和地方政府需承担 2/3 的购房款，而地方政府提供的补贴多转由企业承担，造成企业资金压力过大，最终，补贴售房遭到一些企业和地方政府的反对。同时，大多数居民仍不愿自己花钱购房，补贴售房被视为低价售房而取消。

三、第三阶段：提租补贴阶段（1986～1990 年）

提租补贴方案的主要政策框架是，根据住房的折旧费、维修费、管理费、投资利息和房产税五项因素调整公房租金；根据调租幅度，发放一定数量的住房券，用于抵交新增租金；住房券按个人工资的一定比例发放，坚持多住房多交租和少住房可得益的分配原则；建立城镇、企事业单位和个人的三级住房基金，以形成稳定的住房资金来源；积极组织出售公有住房，同时进行财政、金融和信贷方面的配套改革。"提租补贴"在烟台、蚌埠、唐山、深圳等地的试点取得了较好的效果，不仅保证了现有房屋的维修养护和折旧费，也有效抑制了不合理的住房需求，首次体现了价格机制在住房分配中的调节作用（成思危等，1999）。

但是 1988 年全国出现了严重的通货膨胀，城市居民消费价格指数同比上涨20.7%，考虑到提租补贴的成本推进效应，可能加剧通货膨胀，因此新的房改政策被迫停止。

四、第四阶段：住房分配货币化的准备阶段（1991～1998 年 6 月）

1991 年，国务院发布《关于继续积极稳妥地进行城镇住房制度改革的通知》（国发〔1991〕30 号），提出城镇住房制度改革的总目标和分目标。总目标指出，从改革公房低租金着手，将现行公房的实物福利分配制度逐步转变为货币工资分配制度。在分目标中提出，"八五"计划期间以改变低租金、无偿分配为基本点，公房租金计租标准力争达到实现简单再生产的三项因素（维修费、管理费、折旧费）水平；到 2000 年，公房租金标准努力达到包含五项因素（以上三项再加投资利息和房地税）的成本租金水平；长期目标是租金达到八项因素（以上五项再加土地使用费、保险费和利润）的商品租金水平，实现住房商品化、社会化。

党的十四届三中全会通过《中共中央关于建立社会主义市场经济体制若干问题的决定》，提出加快城镇住房制度改革，控制住房用地价格，促进住房商品化和住房建设的发展。1994 年 7 月，《国务院关于深化城镇住房制度改革的决定》（国发〔1994〕43 号）强调建立与社会主义市场经济体制相适应的新的城镇住房制度，实现住房商品化和社会化；强调推进住房公积金制度，建立经济适用住房与商品房两种住房供应体系；规定国有住房的出售收入按一定比例上交同级财政，这使产权单位缺乏售房积极性，导致在一年多内公房出售基本处于停滞状态。1995 年 12 月，全国房改工作经验交流会指出，售房款是住房建设和住房制度改革的专项资金，以后企事业单位不再按比例上交，全部留归产权单位，从而调动了产权单位房改的积极性。

1995 年，国务院办公厅发出《转发国务院住房制度改革领导小组国家安居工程实施方案的通知》，正式启动安居工程。旨在解决国有大中型企业职工和大中城市居民的住房困难，建立具有社会保障性质的经济适用住房供应体系。

五、第五阶段：住房分配货币化阶段及多层次的住房供应体系（1998 年 7 月至今）

1998 年 7 月 3 日，《国务院关于进一步深化城镇住房制度改革加快住房建设的通知》（国发〔1998〕23 号）要求 1998 年下半年开始停止住房实物分配，逐步实行住房分配货币化，建立和完善以经济适用住房为主的多层次城镇住房供应体系，发展住房金融。23 号文提出对不同收入家庭实行不同的住房供应政策：最低收入家庭租赁由政府或单位提供的廉租住房；中低收入家庭购买经济适用住房；其他收入高的家庭购买、租赁市场价商品住房。2003 年 8 月 12 日，《国务院关于促进房地产市场持续健康发展的通知》（国发〔2003〕18 号）指出，要坚持住房市场化的基本方向，不断完善房地产市场体系，更大程度地发挥市场在资源配置中的基础性作用；坚持以需求为导向，调整供应结构，满足不同收入家庭的住房需要。18 号文要求各地根据当地情况，合理确定经济适用住房和廉租住房供应对象的具体收入线标准和范围，并做好其住房供应保障工作。经济适用住房制度和廉租住房制度成为解决城市中低收入家庭住房困难政策体系的重要组成部分。

2007 年 8 月 7 日，《国务院关于解决城市低收入家庭住房困难的若干意见》（国发〔2007〕24 号）提出，以城市低收入家庭为对象，进一步建立健全城市廉租住房制度，改进和规范经济适用住房制度，加大棚户区、旧住宅区改造力度，力争到"十一五"期末，使低收入家庭住房条件得到明显改善，农民工等其他城市住房困难群体的居住条件得到逐步改善。

2010 年住房和城乡建设部等七部委颁布《关于加快发展公共租赁住房的指导意见》（建保〔2010〕87 号），指出"公共租赁住房供应对象主要是城市中等偏下收入住房困难家庭。有条件的地区，可以将新就业职工和有稳定职业并在城市居住一定年限的外来务工人员纳入供应范围"。

目前，我国已建立由经济适用房、限价商品房、廉租住房、公共租赁住房、棚户区改造房共同构成的多层次住房保障体系。

第二节　中国住房保障制度的内涵

中国的保障性住房主要可分为廉租住房、公共租赁住房、经济适用住房、限价商品住房四类，根据住房和城乡建设部、财政部、国家发展和改革委员会联合印发的《关于公共租赁住房和廉租住房并轨运行的通知》（建保〔2013〕178 号）的规定，从 2014 年起，各地公共租赁住房和廉租住房并轨运行，并轨后统称为公共租赁住房。

因此可以说，中国的住房保障制度主要涉及三类保障性住房：一是租赁型保障房，涵盖廉租住房和公共租赁住房；二是经济适用房；三是限价商品房，包括部分城市实行的自住型商品房。

一、租赁型保障房制度

在 1978 年以来的很长时间内，我国保障性住房制度以较低租金的租赁型保障房为主，1998 年城镇住房改革实施后，租赁型保障房主要包括城镇廉租住房和公共租赁住房。2014 年起，各地公共租赁住房和廉租住房并轨。由于廉租住房存在了 15 年的时间，我们在这部分还是分别对廉租住房和公共租赁住房制度进行介绍。

1999 年《城镇廉租住房管理办法》将城镇廉租住房（简称廉租住房）定义为"政府和单位在住房领域实施社会保障职能，向具有城镇常住居民户口的最低收入家庭提供的租金相对低廉的普通住房"。《城镇最低收入家庭廉租住房管理办法》指出，城镇最低收入家庭廉租住房保障方式应当以发放租赁住房补贴为主，以实物配租、租金核减为辅；限定城镇最低收入家庭人均廉租住房保障面积标准原则上不超过当地人均住房面积的 60%。2007 年 11 月 8 日，建设部等九部委出台的新《廉租住房保障办法》指出，廉租住房保障方式实行货币补贴和实物配租等相结合，明确规定了廉租住房的保障资金来源和实物配租的廉租住房来源；规定新建廉租住房应当将单套的建筑面积控制在 50 平方米以内，采取配套建设与相对集中建设相结合的方式，主要在经济适用住房和普通商品住房项目中配套建设。

2009 年，在政府工作报告中温家宝总理首次提到了公共租赁住房的发展问题，明确"要加快落实和完善促进保障性住房建设的政策措施，积极发展公共租赁住房"，从此掀开了公共租赁住房发展的新篇章。

2010 年，国务院颁布《关于坚决遏制部分城市房价过快上涨的通知》（国发〔2010〕10 号），要求加快保障性安居工程建设，指明"政府组织、社会参与"的发展原则，并提出"地方各级人民政府要加大投入，中央以适当方式给予资金支持"，对公共租赁住房建设收购的融资问题给予了明确的意见。2010 年，住房和城乡建设部牵头，七大部委联合印发了《关于加快发展公共租赁住房的指导意见》，对公共租赁住房发展的重大意义进行了全面阐述，明确了发展的基本原则、租赁管理的方法、房源筹集的方式、政策支持的方向以及监督管理的途径等内容，是我国发展公共租赁住房的基本依据。2011 年，国务院办公厅印发《关于进一步做好房地产市场调控工作有关问题的通知》（国办发〔2011〕1 号），明确指出加大保障性住房建设与供应成为调控政策的重要内容，进一步强调了公共租赁住房建设的重要性，要求各地政府可以通过提供一定的资金和政策支持及补助鼓励企业新建、配建以及其他投资人参与到公共租赁住房的建设中去（闫妍，2014）。

2011 年政府工作报告进一步指出，要扩大保障性住房的建设规模，其中要重点发展公共租赁住房，通过各种渠道来获取建设公共租赁住房的资金，抓紧制定各相关制度，力争使每个需要的家庭都受益。时任国务院总理的温家宝同志表示，"十二五"期间，全国将建设保障性住房 3600 万套，争取在"十二五"期末使保障性住房的覆盖率达到 20%，缓解社会的住房压力，尤其是要解决好中低收入家庭和新参加工作的大学生的住房需求。

二、经济适用房制度

与租赁型保障房相对应的是销售型保障房，我国的销售型保障房以经济适用房为主。根据 1994 年 7 月 18 日《国务院关于深化城镇住房制度改革的决定》和 1994 年 12 月 15 日发布的《城镇经济适用住房建设管理办法》，经济适用房是以中低收入家庭为对象、具有社会保障性质的商品住宅。经济适用房按照开发商微利的价格向城镇中低收入家庭出售，具有经济性和适用性的特点，其低价格是通过土地划拨供应、免除相关税费、规定开发商的利润上限等来实现的。

2004 年 5 月 14 日，建设部等国家四部委共同颁发《经济适用住房管理办法》（建住房〔2004〕77 号），明确了经济适用住房是具有保障性质的政策性商品住房；确定经济适用住房要以保本微利为原则，严格控制在中小套型，中套住房面积控制在 80 平方米左右，小套住房面积控制在 60 平方米左右。2007 年 11 月，建设部等七部委联合发布《经济适用住房管理办法》，规定了经济适用房的优惠政策、开发建设、价格确定、交易管理、集资和合作建房、监督管理等，经济适用住房面向城市低收入、住房困难家庭供应，是具有保障性质的政策性住房，限定经济适用住房单套的建筑面积控制在 60 平方米左右，经济适用住房购房人拥有有限产权。全国各城市陆续出台了城市居民申请经济适用房、廉租住房的相关准入标准，包括家庭收入、住房、资产准入标准等。2008 年 11 月，在国际金融危机背景下，中央推出 4 万亿元的财政刺激计划，其中 9000 亿元是在未来 3 年增加保障性住房的投入，其中经济适用住房投资占 6000 亿元。

按照政策构想，经济适用房应该解决城镇大多数居民的住房。在现实中，经济适用房的确解决了部分中低收入家庭的住房问题，但是经济适用房占房地产业的投资比例和面积比例逐年缩小，其原因是：经济适用房的价格远低于位置相近的普通商品房、5 年后可上市交易，市场供不应求，以低价获得房产的权力容易滋生寻租问题，很多不符合经济适用房申请条件的家庭申请到了 1 套甚至多套经济适用房。2012 年年底，微博爆料，郑州"房妹"——郑州市二七区房管局原局长翟振锋的女儿在一个经济适用房小区拥有 11 套房产，后经过媒体深入了解，发现翟振锋全家共拥有 29 套房，已交易 7 套房，并涉嫌倒卖经济适用房。同时，由于经济适用房的"低价位"特点，在经济适用房建设过程中出现了质量不合格、区位远交通不方便、打着经济适用房的招牌建设豪华商品房等问题。

我国保障性住房制度的思路是让"居者有其屋"，但是在监管不完善的情况下，以低价拥有房产的权力容易滋生腐败，与"拥有产权"相比，"天下寒士"更急需的是房屋的"居住权"，因此，未来我国的保障性住房制度将以公共租赁住房为主。

三、限价商品房制度

2006 年 5 月，建设部、国家发改委等九部门联合出台《关于调整住房供应结构稳定住房价格的意见》，指出要优先保证中低价位、中小套型普通商品住房（含经济适用住房）和廉租住房的土地供应，其年度供应量不得低于居住用地供应总量的 70%；土地的供应应在限套型、限房价的基础上，采取竞地价、竞房价的办法，以招标方式确定开发建设单位，意见中提到的"限套型""限房价"的普通商品住房，后来被称作"限价商品房"或者"两限商品房"。

限价商品房采取"限房价、竞地价"，在土地挂牌出让时，限价房就已被限定房屋价格、建设标准和销售对象，政府对开发商的开发成本和合理利润进行测算后，设定土地出让的价格范围，从源头上对房价进行调控。也有人认为限价商品房是介于普通商品房和经济适用房之间的住房，限价商品房与经济适用房都是为了解决中收入家庭的住房困难，价格低于周边临近位置的住房，具有住房保障性质，但是限价商品房与经济适用房有三点不同：一是土地方面，经济适用房的土地是地方政府无偿划拨的,而限价商品房的土地在出让时须交纳土地出让金;二是价格方面,在首次认购时,限价商品房的价格一般比周边房价低 20%~30%,而经济适用房通常比限价商品房的价格更低,在满 5 年后出售时,限价商品房的价格由市场价格决定,经济适用房的价格执行政府指导价;三是租售政策不同,经济适用房只售不租,限价商品房可售可租。

北京市限价商品住房的申请人须有北京市户籍,人均住房面积不高于 15 平方米,三口之家的收入不高于 8.8 万元、家庭总资产净值不高于 57 万元,四口之家的收入不高于 11.6 万元、家庭总资产净值不高于 76 万元。限价商品住房的套型面积以 90 平方米以下为主。限价商品住房满 5 年出售时,需按照同地段普通商品住房价格和限价商品住房价格之差的 35%交纳土地收益等价款(《北京市限价商品住房管理办法(试行)》,京建住〔2008〕226 号)。2013 年,北京市住建委又推出了自住型商品房,其定价与限价商品房类似,购买对象更宽,主要面向买不起普通商品房、又不符合保障房购买资格的"夹心层"。

目前,北京、天津、上海、广州、深圳、厦门、青岛等人员密集、房价较高的城市都已推出了限价商品房政策,大部分城市都限定了申请人员的户籍,北京、西安和宁波还对户籍年限有所限制,大部分城市的限价商品房限制在八九十平方米以下,并规定一定年限(3 年、5 年、8 年、10 年)内不得转让。

第三节　中国公共租赁住房的总体情况

2010 年住房和城乡建设部等七部委颁布《关于加快发展公共租赁住房的指导意见》(建保〔2010〕87 号),指出"公共租赁住房供应对象主要是城市中等偏下收入住房困难家庭。有条件的地区,可以将新就业职工和有稳定职业并在城市居住一定年限的外来务工人员纳入供应范围"。至此,我国已建立由经济适用房、限价商品房、廉租住房、公共租赁住房、棚户区改造房共同构成的多层次住房保障体系。

公共租赁住房(简称"公租房")是一种租赁型保障房,产权归政府或公共机构所有,以低于市场价或承租者能承受的价格向新就业职工出租。公租房是一个过渡性的解决方法,对于廉租房、经济适用房和限价房未能覆盖又无力通过市场购买或租赁住房的一些城市中等偏下收入家庭、新就业职工以及城市化推进中急需改善居住条件的外来务工人员等城市"夹心层",主要是通过公租房进行补充保障以解决其现实的居住困境。公租房面向的人群不属于低收入群体,但是他们通过市场确实解决不了自己的住房困难,因此,政府提供给他们一定的帮助。当这部分群体(如刚毕业的大学生群体)有支付能力了,他们就离开公租房,到市场购买或承租住房。

2011 年 3 月，温家宝总理表示，加快保障性住房建设，从供求上解决房地产市场存在的问题。2011 年建设保障性住房 1000 万套，2012 年再建 1000 万套，预计在 5 年内能够建设 3600 万套保障性住房。保障性住房除了棚户区改造以外，主要用于公租房和廉租房。2010～2012 年，我国保障性住房建设用地实际供给量占住房建设用地实际供给量的比例分别为 25.9%、35.3% 和 33.3%，由表 1.1 可知，2012 年与 2011 年相比，除了公租房以外，其他类型保障房的土地供应量都略有下降。

表 1.1　2010～2012 年我国建筑用地实际供应量　　　（单位：公顷）

项目	2010 年	2011 年	2012 年
住房建设用地总量	125 381.85	135 885.27	114 907.88
廉租房用地	3 509.10	8 118.90	5 887.07
经济适用房用地	12 440.75	10 943.32	10 698.08
公共租赁房用地	190.25	4 512.17	4 874.70
限价商品房用地	1 552.95	3 819.15	2 486.84
棚改房用地	14 725.40	20 684.68	14 308.81

资料来源：WIND 数据库

《2011 保障房白皮书》数据显示，2011 年我国共开工建设 1000 万套保障性住房，需要资金 1.4 万亿元，其中，220 万套公租房需要建设资金约 2400 亿元，主要由中央和地方政府按 1∶4 的比例筹集。但从目前各地方政府财政支出状况来看，都面临资金来源有限、投入不足的窘境[①]。公租房和廉租房的投资回收期长，期初一次性投入大量资金参与建设，但是未来分期收取租金、收回投资，不像经济适用房和限价房可以通过建成出售的方式快速收回投资，资金问题已经成为公租房政策能否落实的重要决定因素。以北京市为例，北京市"十二五"规划中，明确提出在"十二五"期间，要大力发展公共租赁住房，计划建设、收购保障性住房 100 万套，其中包括 30 万套公租房，总投资规模将达到 6000 多亿元[②]，但这 6000 多亿元从何而来？

我国公租房主要有四个融资渠道：财政补贴、住房公积金、银行贷款、土地出让净收益。目前，公租房的资金来源主要是"国"字头的财政、银行和其他金融机构，缺乏社会资本的参与。社会资金对公租房和廉租房等租赁性保障房项目兴趣不足的原因可概括为以下三点：第一，前期投资成本高；第二，投资回收期长；第三，预期投资收益率远低于商品房的平均投资收益率。

但是从国外发展保障性住房的经验看，社会资本的参与是支持公共住房可持

---

① 参见《2011 保障房白皮书》（中国指数研究院，2011-05-26）。
② 参考《北京多渠道融资突破公租房建设瓶颈》（北京日报，2013-01-25）。

续发展的重要力量之一。本书将重点研究如何通过增加公租房的投资吸引力、提高公租房融资产品的信用等级和流动性，使公租房能够在资本市场上获得长期资金支持，推进"十二五"期间我国公共住房政策的顺利落实。

本 章 小 结

本章回顾了我国城镇住房制度的发展历程，包括：第一阶段，计划经济时代的住房分配制度（1949~1978年）；第二阶段，试点售房阶段（1979~1985年）；第三阶段，提租补贴阶段（1986~1990年）；第四阶段，住房分配货币化的准备阶段（1991~1998年6月）；第五阶段，住房分配货币化阶段及多层次的住房供应体系（1998年7月至今）。目前，我国城镇居民住房的解决方式以在市场上购买和租赁商品住房为主，无力通过市场方式解决住房需求的居民，可申请保障性住房。

时至今日，我国已建立起由经济适用房、限价商品房、廉租住房、公共租赁住房和棚户区改造房等共同构成的多层次住房保障体系。本章介绍了三类保障性住房的定义、保障对象、相关政策等，这三类保障性住房包括：租赁型保障房（涵盖廉租住房和公共租赁住房）、经济适用房和限价商品房（包括部分城市实行的自住型商品房），并重点对本书的研究对象——公共租赁住房的概念、政策、规模、融资等情况进行概括性的介绍，为深入研究做铺垫。

第二章 中国部分城市公共租赁住房的实地调研

在第一章中，我们对我国公共租赁住房的整体情况进行了概述，但是不同城市的发展现状和存在的问题有较大差别。2012 年 7~8 月，我与中国政法大学"成思危现代金融菁英班"2010 级 28 位同学对我国 12 个省 20 个城市（包括北京、上海、天津、广州、深圳、南京、青岛、海口、福州、厦门、郑州、武汉、宁波、温州、台州、孝感、焦作、商丘、淄博、辽阳）的公共租赁住房（简称"公租房"）和部分廉租房项目①进行了实地调研。在调研过程中，我们发现，多数城市都已经有建成或即将建成的公租房项目，并且在城市住房建设规划中都重点强调了公租房的发展和建设，各地未来的保障性住房建设将以公租房为主。本书收录了同学们对部分城市公租房发展情况的调研报告（说明：调研时间为 2012 年 7~8 月，因此调研报告只反映当时的情况，部分当时某些方面不理想的公租房小区，后来情况有所改善；同时，调研报告只反映调研员的个人观点）。

第一节 直辖市公共租赁住房的实地调研

一、实地调研 1：北京市远洋沁山水公租房

远洋沁山水公租房位于北京市玉泉路与莲石路交叉路口的西北角，距离地铁 1 号线玉泉路站约 600 米，交通较为便利，是北京市首批开建的公租房项目之一。该项目于 2012 年 6 月向符合条件的家庭公开配租,取得租住资格的家庭最快将在 2012 年 9 月入住。建成后共有 550 套住宅，其中有一居室 337 套、两居室 213 套。

环境及物业管理方面。该公租房完全建设于商品房小区内，与商品房享受着同等优质的小区绿化环境和物业服务。我们调查时正遇到小区物业工作人员擦拭楼梯扶手、为草木浇水，由于建设在小区内，该公租房也享受着与商品房小区相同的出入安全管理保障。

房屋质量及内部设施方面。楼体建造呈阶梯状，据说是因为建造地面承重能力有限，没有建造全高层式住房。远洋沁山水公租房的整体建造质量较好，外观与商品房无明显差别，门口也配备了可视电话密码系统，但是由于目前入住率较低还没有开通。楼道内部设施较为齐全，壁挂电视、电梯都与商品房差别不大。但墙体的粉刷、电梯内的整洁度还有一定差距。一居室和两居室公租房内部在入

---

① 在本章中，公共租赁住房和廉租房按照 2014 年并轨前定义。

住前都已有了一定的装修，具备电视、床、沙发、厨卫用品等基本生活用品，装修风格较为时尚。

周边配套设施方面。该小区周边配套教育、医疗、休闲等设施较为齐全。小区临近北京市十一学校、永乐二中、太平路小学等中小学校；医疗方面，该小区附近分布着清华大学第二附属医院、中医药大学教学医院、北京铁建医院等医疗设施；小区周边的购物超市、餐饮场所也较为密集，生活十分方便。

租金方面。远洋沁山水的租金分为房屋使用租金与家具使用租金。对于 47 平方米的一居室房屋，使用租金为 1927 元，两居室 68 平方米为 2788 元。一居室的家具月租费用为 190 元左右，两居室的家具月租费为 280 元左右。住户入住时可以选择直接租用家具或自己购买家具。

入住人群方面。调查时我们发现已入住的住户类型多为北京本地三口家庭，户主多为中年，职业以国有企事业单位为主，有一定的收入基础。

我们在调研过程中，发现远洋沁山水公租房项目存在如下一些问题。

第一，空置率较高，房屋没有得到有效利用。网络资料调查显示，2012 年 3 月份仅有 60 户入住，在我们进行调查时（7 月份）入住率也没有到达 50%。由于地理位置太好，公租房面积较大，房屋建筑和装修质量好，导致租金较高，而租金补贴发放相对滞后，有些家庭接受不了，进而无法入住。调查时我们发现北京市保障房办公室就位于此，远洋沁山水的公租房作为北京市的样板间对外展出，拥有高于其他地区公租房的质量与环境、交通条件，可是基于较高成本计算的租金对市民来说也是不小的负担。

第二，房屋的使用缺乏有效的监管，一些人虽然申请到了住房资格却进行转租活动，我们调查中遇到的一位妇女就是为孩子上学方便而从原住户手中以略低于市场价格转租到公租房居住。

二、实地调研 2：北京市海淀区西三旗、上地公租房

2009～2012 年，北京正式开始建设公租房以来，海淀区建造了数量较多的公共租赁住房，很多分布在西三旗、上地一带。我们选取了其中一处名为金隅美和园的小区进行实地调研。与远洋沁山水不同的是，此处的公租房并非配建在商品房小区中，而是建在两限房小区中，此小区 15 栋房屋以 12：2：1 的比例建造两限房、公租房与廉租房。

交通方面。金隅美和园临近地铁 13 号线上地站，周边有 419 路、909 路等多条公交线路，交通较为方便。

环境与物业管理方面。美和园小区面积较小，绿化度与小区整洁度也有所欠缺，除有垃圾堆积问题外，小区入口处也没有安保人员。

小区配套设施建设比较完善。为了居民的生活便利与娱乐，小区中建有超市与棋牌室，并且单独配建了双语幼儿园，以解决临近居民的孩子教育问题，另外，小区周边有相对丰富的教育资源。但小区周围医疗设施较少，只有一些小型诊所，而距离大型正规医院较远。

房屋质量方面。美和园公租房的美观度与质量整体略差于远洋沁山水商品房小区。楼房入口处没有密码系统保护居民安全，楼道内杂物较多，空间较窄。房屋内空间结构设计呈田字形，与远洋沁山水相比，空间结构设计不是很合理，采光不太好。

三、实地调研 3：北京市中关村科技园区电子城公租房

中关村科技园区电子城公租房不同于为城市居民准备的公共租赁住房，而是作为科技园区企业员工宿舍使用，配建在企业工厂附近。

地理位置方面。电子城公租房位于东北五环，中关村科技园区电子城西，临近五环与望京西路，周边有 361 路、420 路、运通 104 路等多条公交线路，交通较为便利。

周边环境方面。公租房周边分布着较多大型企业、工厂，诸如三星等高科技电子产品公司、一些实验玻璃仪器生产厂、几家制药公司，不远处还有两座工厂大型烟囱。也正是由此，此处公租房周边的空气环境质量不是很好，房屋周围也基本没有绿化。并且该公租房项目紧邻马路，车辆来往频繁，人员流量大，多为蓝领务工人员。

房屋质量方面。从外观上来看，公租房的整体设计布局紧凑，为方形，类似于大学宿舍，可以容纳很多人员，但同时降低了内部采光效果。由于公司有一定安保措施，我们未能进入调查，因此对房屋内部装修等情况不是很了解，但从出入人群可见，入住者为公司外地蓝领阶层员工。

四、实地调研 4：上海市莘庄鑫泽阳光公寓

莘庄鑫泽阳光公寓位于上海市闵行区瓶北路 479 弄，是上海莘庄工业区为解决园区落户企业外来务工人员居住问题而投资建造的一个项目。莘庄鑫泽阳光公寓分成两期，由 11 栋 6 层楼公寓房和 2 栋 8 层楼的小高层（带电梯）组成，分"男生楼"和"女生楼"，还有可容纳 400 人同时用餐的食堂。办完手续后，领取出入证，租客带着被子就可以入住了。

小区的入口处设立了管理中心，为租户办理入退租手续、充值、信件收发、客户投诉处理、房屋设施维修等多项服务。

文化中心设有乒乓室、桌球室、阅览室等多种娱乐活动空间。室外的篮球、羽毛球公用场地，也可满足租户日常娱乐锻炼的需要。鑫泽阳光公寓周边配套设施齐全，有邮局、银行、学校、医院、购物、轨道交通 5 号线。

经济型公租房类似"宿舍",没有独立厨房,面积在 45 平方米左右,有 4 人间和 8 人间(上下铺)之分,4 人间和 8 人间房型一样,就是把"下铺"改为书桌和衣柜,价格在每月 850 元左右。这一部分是鑫泽阳光公寓的"主流"。

小康型公租房分成"一室一厅"和"两室一厅"两种,面积在 80 平方米,也是公寓里最大的户型,主要面向有需求的企业"白领"。小康型公租房设有厨房,是一种"家"的延伸。月租金 1100~1500 元不等。标准间公租房大小和经济型一样,但住户只能容纳 2 人,走"快捷酒店"路线,月租金在 1350 元左右。

第二节 副省级城市公共租赁住房的实地调研

一、实地调研 5:深圳市南山区桃苑小区公租房

南山区桃苑小区的公租房几乎没有空置,是深圳首批公租房中最成功的一处,房源较罗湖区公租房明显高一个档次。桃苑小区位于南山大道与学府路交界处,共有住房 165 套,建筑面积为 29~32 平方米。

(1)地理位置。桃苑小区位于南山区南山大道与学府路交界处,是南山区较为繁华的区域之一,北面就是南山医院;东面是愉康、西部电子等,是南山老牌商业区;附近还有家乐福、人人乐等大型超市,购物、餐饮等生活设施较为齐全;还有近十条公交线经过此处。

(2)价格情况及其他信息。这里的公租房面积大约为 30 平方米,租金是每月 550 元。这个租金和附近物业甚至是桃苑小区内的其他物业相比,都要便宜不少。桃苑其他 35 平方米左右的公寓价格为每月 1200 元,比公租房高一倍。因为价格比较有优势,加上交通便利,桃苑小区并没有出现大量空置的现象,南山区建设局工作人员表示,桃苑小区提供的 160 多套公租房已基本出租完成。

二、实地调研 6:深圳市罗湖区公租房

深圳市罗湖区公租房(莲塘聚宝路 195 号宿舍楼)一期工程只有一栋,共有住房 53 套,建筑面积约为 12~50 平方米。调研发现,罗湖区首批公租房有如下特点:

(1)配套设施:交通不太方便,最近的公共汽车站步行 10 分钟左右,无地铁;购物主要在菜市场和小商店,最近的商场需步行 20 分钟;附近有一所初中。

(2)管理:有一名管理员,负责安全卫生所有管理工作,最近由于频繁失窃在楼入口处装上了防盗门。

(3)租金:对于主要户型(42 平方米),租金为每月 512 元,大约为市场价的 80%,与报道一致,低保户租金为 117 元;水电费用方面,电费无优惠,但水

费2元9角一方,免去了卫生费;根据我们调查的10户人家,对于有工作的住户,租金约占收入的五成。

(4)居民结构:大多数年龄在四五十岁,无业人士和退休人员居多,没有实现"主要覆盖人群包括刚毕业的大学生、外来务工人员"。

(5)房屋质量与周围环境:入住时墙有简单装修(质量较低),且无家居设备提供;房屋采光设计不合理,导致阴暗潮湿,居民都反映房屋质量较差,无洗手盆,厕所水会渗入屋子中,导致屋内极其潮湿,很多屋子有墙体发霉龟裂现象,由于楼后方是山体的斜坡,故屋内闷热蚊子很多,并发现两只老鼠;楼道重新刷过漆,但楼外有垃圾堆置现象。居民表示房屋质量差才是空置的主要原因,不少符合条件的人因此放弃入住,且有居民表示不愿再续签合约。

(6)关于合约续签,首批公租房合同在2012年到期,至今政府尚未提供新合同。此外,当时签首批合同时,政府方面称这是临时房,3年内会在莲塘新建一栋质量更好的楼,至今仍在打地基。

(7)关于该楼楼源:此楼并不是政府建的,当时是政府租下来,然后再当成公租房租出去的,据居民反映,政府对主力房型是按每间房300元左右租的,然后以400多元的价格租出。

最后简单总结:目前罗湖区共有53套公租房,空置19套,租出34套,空置率为35.8%,与两年前报道的80%相去甚远,这说明今年来陆续又有不少新住户入住,但至今仍有不少空房遗留。空置原因:一是房屋质量差,不适宜居住;二是管理员表示由于政府要安排符合条件的人入住,他们不允许接受私人上门寻租,而政府那边申请需通过居委会、街道办、区政府、市政府层层审批,时间长达半年以上,入住困难。因此深圳骗租现象不普遍,且申请条件苛刻,需35岁以上深圳户籍,这导致许多人无资格申请。

三、实地调研7:青岛市市北区河马石公租房

青岛市河马石公租房位于市北区劲松一路(距市中心约8千米),是山东省首批公租房建设项目,小区占地4公顷,总建筑面积达15万平方米,共有15栋高层公租房和5栋高层商品房,其中公租房共计2871套,平均套型50平方米左右,其中,55~56平方米套二户型1986户,40~50平方米套一户型759户,并在居民入住前对公租房进行了简单的装修。

青岛市在公租房的租金确定上,实行不超过同地段商品房租金70%的标准制定。在综合评估之后,河马石项目的租金最终确定在每月每平方米11元,基本上入住的家庭每月要承担400~600元不等的房租,和市场上不同,公租房租金在3年租期内不变。同时,住户还可以用公积金来付房租,不过每套租赁房月租金最高额1000元,年最高额12 000元。公租房租金由房屋所在地的区房产经营单位来负责。他们除了收缴租金外，还要负责维修养护以及对房屋使用情况定期检查等日常管理工作。公共租赁住房的租金收入全额缴入市级财政，纳入预算，专项用于公共租赁住房日常管理和维修以及支付房屋空置期的物业管理费。此外小区的物业费按 0.45 元/㎡、电梯费 0.4 元/㎡来收取，供暖费按照普通商品房标准收取。

青岛市河马石公租房的居民来自青岛市的各个区县，户籍原因使学生不可以到附近教学质量较好的桦川路小学入学。2010 年，针对新建居民区适龄儿童迅猛增长的现状，市北区统筹安排，将河马石公共租赁房的适龄儿童统一安排到了青岛市东胜路小学就读，无需交纳择校费。居民反映，有车的家庭每天接送孩子上学，没有车的只能让孩子自己坐公交。

小区附近有同安路街道卫生服务中心，小区周围有两家规模适中的药房，可以满足居民就医需求。小区内配有农贸市场，并且附近有多家服务部门，但是居民反映小区多家烧烤严重影响空气质量。在小区不远处有一路公交直达家乐福超市，路程时长 30 分钟左右，价格适中。居民反映物业只有一年的负责期限，入住时间超过一年，房子内出了问题物业不负责任。公租房内的各种设施都是政府安排好的，居民可以直接搬进去住，但是普遍反映质量一般。

居民反映公租房社区的选址问题，尤其 11 号楼房对面是一大片坟地，并且靠近山体，具有一定的安全隐患。社区宠物较多，极大影响了居民的日常生活环境。

四、实地调研 8：武汉市南湖公租房

南湖公租房位于武汉市武昌区南湖新城家园内，是武汉市第一批建成的公租房，现已基本入住满。其中小区的 16～20 号楼房为公租房，小区内还有商品房。南湖公租房为统一的 65 平方米户型，月租金价格为 723 元，小区物业管理费为 1.2 元/每平方米·月。按照规定，公租房统一简装，包括热水器、抽油烟机、马桶等，厨房和洗手间基本上装修好，房内还有一张床。小区内居民以老人为主，还有设计师、退休工人、教育工作者、工人、出租车司机和小商贩。

对小区住户的抽样调查中，我们采访了 20 名住户：

在**租金问题**上，有 3 人感觉租金压力大，占生活开支比例大；3 人感觉压力比较大，租金虽然稍贵，但还可以承受；另外 14 人觉得压力一般，家庭收入除了支付房租外，还有一些盈余。

在**公租房的满意程度**上，有 4 人对公租房感到很满意，比自己原来的住房条件好；8 人觉得不错，房屋比较舒适，生活都还便利；5 人觉得公租房一般，与自己租房住没多大差别；3 人觉得公租房条件差，还有些房屋问题。

在**小区的治安满意度**上，17 户觉得治安好，小区没有小偷，比较安心；3 户觉得治安一般，周围道路晚上有些吵。

在**房屋质量调查**中，有 2 户房屋渗水，5 户乳胶漆开裂，其余住户觉得房屋总体质量不错，小区排水也还好。

小区大门外有一条道路还在施工中，道路泥泞，还有一个垃圾场，平时不让走车。小区内绿化建设比较好，有花园、草地、各种树木，另外配有路面停车场、自行车和电动车的停车棚，还有户外健身设施。小区门口即有诊所、中百超市、五金商店、美发店、简餐餐厅等，生活配套设施较为齐全。公交站位于小区门口300 米远处。

五、实地调研 9：武汉市后湖公租房

后湖公租房位于江岸区后湖兴业路，周围有百步亭花园等商品房小区，还有武汉市育才小学二分校。后湖公租房项目的四栋 25 层的宿舍楼、两栋 30 层公寓楼和一栋 3 层楼的幼儿园均已封顶，进入装饰装修阶段。户型以 45 平方米、50平方米等为主，全部装配有独立的厨房、卫生间、卧室、客厅和阳台，其中 50平方米的户型还可设一个儿童房或书房。样板间的厨房、卫生间都贴了瓷砖，还配有抽油烟机、天然气灶等基本生活电器。由于是新建小区，比起之前的洪山南湖公租房，选址上避免了位置偏僻。但是居民买菜、购物、乘车等需步行 10 多分钟到附近百步亭的武商量贩公司。

第三节　　其他城市部分公共租赁住房的实地调研

一、实地调研 10：宁波市公租房和廉租房

洪塘公租房项目位于宁波市江北区洪塘街道洪塘西路和北外环路交叉口，建筑面积 14.5 万平方米，总投资达 6.26 亿元。目前，项目已完成桩基工程，预计 2012 年年底可建成交付。项目包括 16 栋 9～18 层的住宅楼，可提供公租房2100 余套。现场除了沿街几幢楼一层、二层的外立面还在贴面砖外，其余已进入内部装修阶段。笔者实地考察发现，公租房临近大片的商品房小区，配套设施相对完善。

洪塘公租房有两种户型：40 平方米一室户、60 平方米两室户，比例分别为60%和 40%。每个户型都配有独立的卫生间、厨房、客厅、卧室和阳台，南北通透、自然采光和通风良好。户内简单装修，配备必要的厨卫设备、小型壁柜等，预留空调、电视、洗衣机位置和电源插座，基本做到拎包入住。

根据《宁波市公共租赁住房管理暂行办法》，租金方面按同区域同类住房市场租金 60%～80%的比例分类确定。一套 60 多平方米的两居室房源，一个月租金估计为 600 元。

阳光嘉园廉租房小区，位于宁波望春。笔者调研了一户人家，这户房屋的建筑面积为 66 平方米，其中 20 平方米是自有的，也就是自己买下来的，剩下 46 平方米是租的，月租金为 1.1 元/平方米。笔者粗略估算，如果按平均每月 50 元的月租费计算，那么一年大概是 600 元，应该说廉租房的月租金是相当便宜的。此地的交通还算方便，有公交车直达，门口有超市、马路菜市场，附近有幼儿园和小学。但是小区门口的马路菜市场还是有点乱。笔者调查的那户人家对目前的小区状况基本满意，小两口生活很开心，比起以前 20 平方米的房子，廉租房的良好条件超出了他们的想象。

二、实地调研 11：辽阳市辽化公司公租房

辽化公司建设的公租房位于辽化公司厂区周边，共 770 户，占地 2.2 万平方米，地上为 15 层，地下一层，每户 60 多平方米，共计投资 6500 万元。该房屋的建设主要满足刚毕业大学生的住房需求，居住地和工作单位临近，减少上班路上耗费的时间，缓解了大学生就业后的住房压力。同时，也会部分解决外来务工人员的住房问题。

该公租房房屋由辽化公司承包建设，并进行管理和维护。由于辽化生活区的建设主要是围绕辽化公司，因此公租房的周边交通便利，生活配套设施齐全。

三、实地调研 12：淄博市的公租房和廉租房

中德奥林新城位于张店区柳泉路上，从地理位置上来看已经相当偏僻了，周围几乎没有医疗、教育等设施。该小区以经济适用房为主，同时配建了 2 号楼为公租房，房屋建筑质量较好，小区环境优良，小区内基础设施配备良好，物业、居委会运行正常。但是这么好的小区却并非按照经济适用房的标准建设，百平方米以上的房子也有，因小区没有车库，调研员看到很多私家车停在楼下。

北坡小区是淄博市首批廉租住房（青龙山社区和北坡小区）之一，位于执信路上，地理位置比较偏远，交通相对不太便利。北坡小区的廉租住房是原有的一处商品房，由于地段不好等问题，房子迟迟卖不出去，即使一再降价也空余了许多住房。廉租房政策中房源允许是现有住房改建，于是此处住房改建成为廉租住房，实际用于廉租住房的仅有前面一个楼。该处廉租房存在空置问题。北坡小区的廉租住房一共 4 个单元，6 层，有 40 多平方米、60 多平方米以及 70 多平方米三种类型的住宅，总共 72 套住房，但实际入住人数（含原有住户）连一半都不到。

四、实地调研 13：孝感市红光花园小区廉租房

刚完工的孝感市红光花园小区还有一半（约 500 户的房屋）尚未出租，从实

地调查采访情况看,大部分接受调查的红光小区住户对廉租房的情况比较满意,据他们口述,廉租房主要有以下优点。一是廉租房由政府筹资建设,再对住户收取房租,房租比市场价低很多。例如,某小区一个 50 平方米的商品房,现在同区位在市场上的租金为每月 400 元,而廉租房只要每月 50 元。二是廉租房的租金比较稳定,不会随意涨价,住户住得更加踏实。而市场上出租的房屋,房东经常会以各种理由涨价,使得许多低收入者由于付不起房租而被迫离开,有的一年要搬几次家,没有归属感。三是廉租房室内配套设施大体齐全,家中有厨房、卫生间、客厅、卧室和电视、电扇等基本电器,入住者不需带很多东西即可入住,给居民的生活带来不少方便。四是新建的廉租房小区的绿化环境较好,红光花园廉租房小区还配有居民健身器材和活动中心,使住户的生活进一步丰富。五是廉租房促进低收入者安居乐业,增加收入,早日实现自主置业。廉租房给低收入者提供了一个相对稳定的居住场所,并且大都有统一的物业管理,解决住户日常维修、小区管理等,减少了生活压力,有利于低收入者更好地工作。

但是与此同时,部分居民也反映了廉租房制度实施中存在的一些问题。一是廉租房数量较少,而且有相当一部分空置,如孝感市城镇符合廉租房要求的 3 万多户,目前廉租房仅 5000 多套,并且一些小区有不少住房空置,远不能满足低收入者的住房需求。二是廉租房位置偏僻,孝感市的廉租房基本位于城南、城西、城北等郊区,离市中心较远,周围配套服务设施不健全,加之与大城市相比,中小城市公共交通工具较少,票价较贵,给廉租户的就业、子女上学带来诸多不便,增加了不少生活成本。三是廉租房小区配套设施参差不齐,一些修建比较早的廉租房明显比新建的廉租房存在的问题多,如建设较早的某些小区的煤气管道至今没有铺设,小区没有健身娱乐场所等。四是少数廉租房小区存在安全隐患,如某廉租房小区,进入小区的大门后,楼栋之间的通道最窄处只有 1 米宽、约 2 米高,车辆根本无法正常通过。由于没有消防通道,不少居民担心发生事故后难以解决,而缺乏安全感。五是部分廉租房空间被商业利益挤占,如有的小区的门卫处被封,改造后出租给其他企业开超市;还有的廉租房小区存在住户转租等现象。六是廉租房维护问题,一些廉租房居民认为廉租房的室内设施没有达到标准,入住不久就出现了故障,物业部门却没有及时解决,如防盗门把手、房屋内的插座等坏掉,卫生间的天花板塌下。廉租房的建设构造和方位不佳,导致房屋不通风、不向阳等。

第四节　公租房实地调研中发现的问题与经验总结

本书收录了部分有代表性的调研案例,根据实地调研情况,我们总结了我国部分城市在公租房发展过程中遇到的问题及探索的经验,并提出政策建议。

一、公租房发展中存在的问题

我国公租房在发展中存在一些问题，我们将调研中发现的问题归纳为以下三个方面：

第一，公租房的质量问题。

我们调研的多数公租房项目质量较好，群众满意度较高，但是仍然发现一些公租房和廉租房项目的质量较差。我们在深圳市罗湖区莲塘聚宝路公租房入户调研时发现，房屋质量较差，厕所水渗入屋子中，导致屋内极其潮湿，很多屋子有墙体发霉龟裂现象。居民表示，房屋质量差才是空置的主要原因，不少符合条件的人因此放弃入住，且有不少居民表示不愿再续签合约。郑州市恒裕花园公租房于2011年10月竣工，2012年7月调研人员进入一个门未锁的单元，发现电梯已经损坏，不能使用，楼梯间垃圾随处可见，墙上贴满小广告，无人管理。淄博市博山区北坡小区的廉租房是政府收购质量较差、多年卖不出去的商品房，虽然成本较低，但隐含的房屋质量问题需要关注。

第二，公租房社区距离城市中心区较远，配套设施不完善。

多数城市的大型公租房项目都距离城市中心区域较远。例如，在天津，已入住项目分布在东丽、北辰等"环外"区域；在福州，绝大多数公租房项目分布在福州郊区。究其原因，公租房的土地为直接划拨，而土地出让金是地方政府收入的重要来源，如果在好位置建公租房，意味着减少地方政府的土地出让金收益。2011年，国有土地使用权出让收入33 166亿元，约占地方政府性基金收入的85%，相当于地方财政收入总量的约36%。

由于公租房远离城市中心区，各城市都比较注重解决公租房社区的公共交通问题。**"公租房社区周边缺乏优质的教育和医疗资源"**是调研中居民反映比较多的问题。例如，青岛市河马石公租房的居民来自全市各个区县，学生不能就近到教学质量较好的桦川路小学入学；2010年青岛市市北区将河马石公租房社区的适龄儿童统一安排到东胜路小学就读，无需交纳择校费，但是居民反映，学校距离家较远，如果没有私家车，每天送孩子上学在路上很耗时间。

第三，市建公租房与区县级政府建设的公租房在质量和配套设施等方面存在一定差异。

市级政府建设公租房的质量较高、配套设施相对完善、租户满意程度较高。例如，深圳市南山区桃苑小区公租房作为市建公租房，地处南山老牌商业区，附近交通、医院、超市等生活配套设施齐全，几乎没有空置。而一些区县级政府建设的公租房，居民对质量和配套设施的负面评价较多。

以上问题也是导致部分公租房入住率低、出现空置现象的原因。并且我们在调研中发现，公租房社区存在公租房转租现象，相关方面监管还不到位。

二、我国各城市公租房发展的经验

近年来，我国各城市都在积极探索和创新公租房的发展模式和融资模式，建议考虑在全国推广其中一些做法。

第一，公租房运营公司"回租"普通商品房。

针对动迁配套商品房小区普遍存在的"一户多房"现象，上海市长宁区公租房运营公司与新泾北苑小区 200 余位动迁安置房房主签订了"期限为 6 年"的租赁合约，公租房运营公司对房屋统一回租、统一装修、统一管理。对于房主来说，把房屋交给公租房运营公司可以保证房租的安全性和收益性：首先，房屋租金与市场价相当，并且租约稳定，租期内不会出现退租，避免了因房屋空置给房主带来的损失；其次，收益安全，租金定时打卡入账，不会出现租金拖欠情况。与之类似，笔者在海南省调研时了解到，近年来私营房屋租赁公司在海口和三亚等外地人投资购房较多的城市兴起，房主将长期不住的房屋委托给房屋租赁公司，使房主省去了催缴租金和租期内房屋维修的烦恼，增加了市场上的租赁房源。

第二，发展混合收入社区。

部分城市提倡在普通商品房、两限房、经济适用房社区中配建一定比例的公租房，发展混合收入社区。北京市在远洋沁山水、金隅观澜时代、金隅美和园等以商品房和两限房为主的社区中都配建了一定比例的公租房，公租房与同一小区中其他类型住房的设计风格一致，在外观上没有差别；公租房与产权住房享受着同等的小区绿化环境、物业服务、出入安全保障及相对完备的配套设施。南京市飞龙新苑小区也是既有商品房，也有经济适用房和公租房。青岛市支持混合收入社区发展，规定"凡规划为住宅的建设用地应优先配建公共租赁住房，其配建比例不低于规划住宅建筑面积的 20%"。分散中等和中低收入家庭的居住地、提倡混合收入居住，避免城市中低收入家庭在某一地区过度集中及未来可能出现的"贫民窟"现象。

第三，鼓励不同类型的公租房并存。

根据不同人群的收入情况和家庭结构，上海市和天津市建设了白领公寓和蓝领公寓两种类型的公租房，户型设计更为灵活。温州市公租房包括经济租赁住房、人才公寓、大学生公寓、外来务工人员公寓等多种类型。部分劳动密集型企业在厂区附近自建公租房，有利于解决公租房位置距离工作地点较远的问题。例如，富士康武汉园区，2012 年已建成 29 栋公租房，容纳 2.5 万人居住，租金采取"政府、企业各补贴一点、个人出一点"的原则，自建公租房只针对富士康内部员工，并不对外招租；辽化公司建设的公租房位于辽化公司厂区周边，辽化生活区交通便利，生活配套设施齐全，主要解决刚毕业大学生的住房需求，居住地和工作单位临近，减少上班路上耗费的时间，缓解了大学生就业后的住房压力；陆家嘴集团利用位于锦绣路的存量居住用地，开工建设 8 万平方米、约 3000 套紧凑型单身公寓，面向陆家嘴区域金融机构的青年职工出租。工业园区和大型企业自建公租房，解决内部职工住房问题，有效分担政府筹建房源的压力。

第四，多渠道为公租房筹集资金。

各地方政府除了通过财政拨款、银行贷款、土地出让净收益和住房公积金增值收益等传统方式为公租房融资以外，还积极探索利用社保基金、企业年金、私募债、企业债、试点房地产信托投资基金（REITs）等金融手段支持公租房的建设和收购。浙江省多个城市鼓励社会资金参与公租房的投资和建设，2011 年浙江省企业与社会机构出资的在建公租房占全省公租房总套数的约 30%。

第五，将廉租房并入公租房管理。

2012 年，广州市将廉租房、直管房和公租房合并管理，统一归类为公共租赁住房，公租房只租不售。这将简化对多种不同类型租赁型保障房的管理，统一制定公租房的租金标准，按照家庭收入一定比例与公租房年租金之间的差距对不同家庭予以补贴。《关于公共租赁住房和廉租住房并轨运行的通知》（建保〔2013〕178 号）规定，从 2014 年起，各地公共租赁住房和廉租住房并轨运行，并轨后统称为公共租赁住房。这项管理办法已在国家层面上得到落实。

三、公租房发展的政策建议

第一，在国内重点城市推广"公租房运营公司"的模式，搭建私人租赁房源和公租房需求对接的平台。

目前，一方面，我国各大城市公租房的房源不足，需通过摇号、轮候等方式确定租户；另一方面，近十年来，北京、上海、广州、深圳等重点城市的私人住房投资活跃，存在一定数量的长期不亮灯的空置房源。"公租房运营公司"模式减少了私人房主在自行出租房屋过程中面临的定期收租、房屋维修等麻烦及可能遇到的租户素质较差、房屋空置等风险，可以吸引更多的私人房主愿意将闲置住房长期租赁给公租房运营公司，然后由公租房运营公司将其作为公租房装修、管理和出租。相比于目前政府主要以新建和收购的方式筹集公租房，"以租代建""以租代购"可以降低政府提供公租房的成本，有效利用现有房源解决群众的住房问题，节约大城市原本稀缺的土地资源；同时，私人房源位置分散，如果作为公租房出租，可以避免中低收入家庭在局部聚集及未来可能引发的"贫民窟"现象。

第二，在充分调研区域公租房需求的基础上，制订公租房发展计划。

本次调研涉及一二三线城市以及县级市，部分三线城市和多数县级市的人均居住条件较好，住房并不紧张，大量建设公租房的意义不大。而大城市的流动人口多，愿意留在大城市工作、毕业时间较短、积蓄少买不起房的年轻人多，尤其是在流动人口聚集的区域，公租房的需求尤其大。因此，我们建议，在新建公租房之前，首先应该调研到底哪些城市在哪些区域最需要公租房，公租房需求主体的年龄结构、现居住地和居住条件、工作地点和收入状况如何，然后按照调研结果确定公租房的建设地点、户型类型（如人才公寓、大学生公寓、外来务工人员公寓）和租金标准等，让有限的财政支出用在最需要住房的人民群众身上，解决好城市中低收入群体的住房问题将有助于构建和稳定大城市多层次的劳动力结构。

第三，完善公租房监督管理体系，加快出台《住房保障法》，提高公租房的"骗租"成本。

2012 年 12 月，媒体报道"房妹"在郑州一个经济适用房小区拥有 11 套经济适用房，河南省郑州市二七区房管局原局长借开发小区之机倒卖 308 套经济适用房。我们可以借鉴香港在打击骗租等现象方面的做法。香港房屋署特遣队专门负责查处和回收被骗租的公租屋，迄今收回并重新配租的公租房达到 3 万～4 万套。

近年来媒体频繁曝出各类保障房的分配不公现象，主要原因是保障房的"骗购""骗租"成本过低。我国目前对保障性住房申请过程中存在欺骗行为的处罚主要是警告、罚款、退房及若干年内不允许再申请保障房，而缺乏相应的法律依据及制裁措施。我国应尽快在修改和完善《基本住房保障条例》的基础上，出台《住房保障法》，从法律层面对不符合保障房申请条件的申请人的非法牟利行为"依法论罪"，提高保障房的"骗购""骗租""转租"成本，确保各类保障性住房的公平分配。

本　章　小　结

笔者及学生对我国 12 个省 20 个城市的公共租赁住房和部分廉租房项目进行了实地调研，调研城市既包括直辖市、副省级城市的公租房项目，也包括二三线城市的部分公租房和廉租房项目，我们将实地调研中发现的问题归纳为以下三个方面：一是公租房的质量问题，调研的多数公租房项目质量较好，群众满意度较高，但是仍然发现一些公租房和廉租房项目的质量较差；二是公租房社区距离城市中心区较远，配套设施不完善，周边缺乏优质的教育和医疗资源；三是市建公租房与区县级政府建设的公租房在质量和配套设施等方面存在一定差异。

在实地和文献调研中，我们也总结了各城市都在积极探索和创新公租房的发展模式和融资模式，包括：公租房运营公司"回租"普通商品房、发展多种类型住房并存的混合收入社区、鼓励公租房类型的多样化、利用多渠道为公租房筹集资金、将廉租房并入公租房管理等。根据实地调研、经验总结及借鉴，本书提出促进我国公租房发展的政策建议：一是在国内重点城市推广"公租房运营公司"的模式，搭建私人租赁房源和公租房需求对接的平台；二是在充分调研区域公租房需求的基础上，制订公租房发展计划；三是完善公租房监督管理体系，加快出台《住房保障法》，提高公租房的"骗租"成本。

第三章 美英公共住房问题及解决办法

中国是一个幅员辽阔的大国，经济环境复杂，地区差异较大。国内的住房保障制度最初主要是借鉴新加坡、中国香港等亚洲国家和地区的成功经验，但是新加坡和中国香港属于经济整体比较发达的国家（地区），人口数量和人口差异化程度也比中国内地小得多。并且中国香港和新加坡的公共住房制度相对欧美国家起步较晚，有些由公共住房引发的问题（主要是社会问题）暴露得还不够充分。美国和英国都是大国，这两个国家的公共住房制度发展历时较长，期间发展的经验和暴露的问题都值得我们研究和借鉴。本章重点对美国和英国的公共住房进行考察，将其发展历史、已经暴露的问题、解决办法以及我们可以借鉴的成功经验总结如下。

第一节 美英公共住房发展历史概述

在过去的 20 年中，美国和英国的公共住房都面临着严峻的挑战，遇到相同又不同的问题。通过考察英国和美国公共住房的历史，笔者发现两国公共住房的发展在指导思想、政策、实际落实等方面既有相同之处，又各具特点，详见表 3.1。

表 3.1 英国和美国公共住房发展历史比较

时期	英国	美国
	美国和英国的公共住房起源相似，都源于 19 世纪末的合作住房和所谓的"慈善住房"	
第一次世界大战前	19 世纪，英国的合作住房运动促进了住房和生活的改善；1896 年，伦敦发展了第一个租赁统建房（公共住房），安置 5700 个人；在之后的 18 年中，伦敦和英国其他主要城市都发展了高质量的公共住房	早在 1869 年，很多女权主义者和社会学家提出合作住房社区；20 世纪，出现完全共有、非投机、社会合作的住房，早期的这类住房多数在纽约和其他联邦管理地区；20 世纪早期，一些工人的合作住房得到发展，但是没有持续多久
	英国和美国有不同的住房需求和不同的经济环境，在公共住房态度和政策上产生了很大的差异	
战争期间	第一次世界大战后，英国发生了严重的住房短缺	20 世纪 30 年代以前，美国持续住房繁荣[①]；合作住房数量不多，只有较高收入的工人阶级才买得起
	20 世纪 20 年代，地方住房委员会大量兴建公共住房（统建房增长至 50 万套），减少住房短缺，但住房主要是提供给经济条件较好的工人阶级，而排斥低收入家庭；这阶段，大多数公共住房都是私房出租	大萧条时期，公共住房作为联邦新政的一部分，为工人阶级提供住房。1933 年《联邦法》允许通过使用公共基金，为建设低成本住房和清理贫民窟融资；1937 年《住房法》为公共住房设定了双重目标：建设住房和增加建筑行业的就业机会

[①] 非农住房自由率在 19 世纪 90 年代只有 37%，到 20 世纪 20 年代上升到 41%，1930 年上升至 46%（Stone, 2003）。

时期	英国	美国
	由于劳动力和材料的缺乏，两个国家都面临着住房短缺	
	在英国，"英雄的住房"是指几十万有内部管道装置和中央供暖的统建房，社会资助、公共建造、共同所有①	在美国，"英雄的住房"是指全国几十万社会资助的私人建造、私人所有的中等单独家庭的自有住房
第二次世界大战后	20世纪50年代，英国和美国的公共住房政策相似，关注贫民窟改造和为内城低收入家庭提供住房； 20世纪60年代，作为贫民窟改造的一部分，英国和美国内城的公共住房继续扩张，通常是大规模成片的住宅聚集，设计和建造质量都较差，两国的公共住房社区中，低收入家庭和有色人种家庭的数量迅速增长，公共住房社区的名声越来越差； 与此同时，两国政府都增加了私人部门参与支持公共住房的途径	
	20世纪70年代初，英国首次允许提供租赁住房的住房协会可以获得补贴；为了给住房协会活动融资，引入一系列新的补贴形式，如住房行动拨款（housing action grant）是一种赤字补贴，用于建筑的新建、获得、改进和转换	1959年住房法提出Section 202计划，向为老年人提供多家庭租赁住房的非营利组织提供50年低于市场利率的联邦贷款，1964年计划扩展至包括非老年的残疾人；60年代，联邦政府为多家庭住房建设提供低于市场利率的抵押贷款；1967年，允许租赁资产加速折旧，开发商可获得避税收益；1969~1983年，每年平均可提供20万套补贴性住房
20世纪80年代	20世纪80年代和90年代早期，英国与美国的住房政策相近，促进增加中产阶级自有住房，减少住房补贴，大量削减公共住房的新增数量	
	"购买权计划"使存量公共住房大量减少；新增补贴住房70年代每年10余万套，80年代中期下降到每年3万套	每年新增补贴住房20世纪60年代每年20万套，至80年代末和90年代下降至每年5万套
	公共住房在英国住房中仍然占有较大比例，1981年占全部住房的1/3，至1996年下降到少于1/4	20世纪90年代初，美国只有不到1/6的家庭能够获得住房补贴
20世纪90年代后	直到1993年克林顿成为美国总统，1997年布莱尔成为英国首相。两国开始增加了中央政府对公共住房和补贴住房的支持，两国都没有再削减公共住房的数量，而是采取了一系列支持低收入家庭住房、改进公共住房社区贫困集中状况的行动	
	全国社区更新改造计划	低收入住房税收优惠证计划、HOPE VI计划、住房代金券计划

资料来源：Malpass and Murie，1999；Stone，2003

　　公共住房是英国存量住房的重要组成部分，占住房总量的25%。公共住房包括地方公共住房和非营利性住房组织的住房，向超过500万个家庭提供住房，但他们并不都是低收入家庭（Stone，2003）。英国的购买权计划与中国的公房出售政策很相似，其目的都是为了住房商品化，提高住房的私有化率。购买权政策在实施过程中遇到的问题及其近十年来针对公共住房社区和贫困社区提出的"创建

---

　　① 在第二次世界大战后的20年中，作为国家福利的重要部分，英国地方政府建造超过290万套住房，解决大量的住房短缺问题。到20世纪50年代中期，这类住房大多数都是高质量的，远离市中心、有绿地、建筑附有花园，提供给有贡献的工人阶级，他们厌烦了战争带来的困难，并且有政治影响力，在战后将工党推上了政治舞台（Malpass and Murie，1999）。

可持续发展的混合社区"政策值得我们借鉴。

在美国，公共补贴住房只占到存量住房的 5%，由公共部门或非营利企业所有。美国的公共住房计划（public housing program）旨在为有资格的低收入家庭、老人和残疾人提供适合居住的、安全的租赁住房。公共住房包括很多规格和类型，从分散的单独家庭住房到高层的老年公寓。估计有 130 万个家庭住在公共住房中，由 3300 个住房管理机构管理。美国的公共住房主要是提供给低收入家庭，这个区别没有导致美国大规模的公共住房所有。美国住房与城市发展部（Department of Housing and Urban Development，HUD）对管理低收入家庭住房的地方住房管理部门提供联邦支持。美国超过一半的补贴住房由营利企业和获得多种补贴的个人所有，保证投资者收益的同时，也减少了住户的租金①。

第二节　英国公共住房问题及解决办法

一、英国在公共住房发展中遇到的问题

在过去的 10 年中，英国公共住房面临的问题可概括为四个方面，物质条件、所有权、融资和社会问题。

（一）物质条件

公共住房在物质条件方面存在的主要问题包括：统建住房的条件较差、存在资金缺口和对公共住房的需求较大。

英国几乎所有存量公共住房都兴建于 20 世纪 80 年代以前，由于有限的资产管理和资金困境，很多地方屋委会所有的公共租赁住房都需要更新换代，然而维护资金很高，经常出现资金不足。同时由于统建住房对于穷人很有实用价值，所以对公共住房的更新改造和重建工作很难进行。20 世纪 80 年代开始，英国政府针对统建房较差的物质条件，出台了一系列更新改造计划，增加统建房的维修和改进资金支持，90 年代后力度加大。

另外，社会需要更多的公共住房。在英国南部，预期有 65 万～70 万套的公共住房需求没有解决。虽然有 77 万空置房，但是空置住宅不在需求所在地，这种空间的错配无法解决。考虑到家庭增长和现有公共住房的毁损，预计在未来 20 年内，每年要新建 10 万～11.5 万套公共住房，但是目前每年的新建公共住房都少于 3 万套。

---

① 引自 HUD's Public Housing Program，http://www.hud.gov。

（二）所有权问题

20 世纪 80 年代开始，英国仿效美国，提供产权住房，加深了住房自有的理念。购买权（right to buy）计划是根据居住时间的长短，住户可以低价购买市郡统建房，价格比租赁 20 年及以上住房的市场价值低 70%，并且允许 5 年（后来减少至 3 年）以后在住房市场上再销售，没有任何价格限制或支付差价的要求（Forrest and Murie，1988）。

购买权计划导致公共所有的统建房减少。1981～1990 年，购买权政策导致平均每年销售 12 万套统建房，从 1991 年开始，平均每年减少 6 万套。住户从地方政府购买住房，他们就可以自由持有（拥有住宅所有权和土地所有权），地方政府不再与这些财产相关。截至 2001 年，购买权计划减少了超过 190 万套公共住房，相当于 1979 年 650 万套的 30%（Stone，2003）。

此外，20 世纪 80 年代开始，保守党和工党都明确和强力推进名为统建房的大规模自愿转让（large scale voluntary transfers），将大量统建房转让和销售给私人部门，获得统建房的私人被称为注册社会房主（registered social landlord，RSL），由住房协会与住房公司登记注册。2001 年 3 月前，60 万套统建房以这种方式转让，与其他非通过购买权转让的公共住房相加总共达到 90 万套。对于没有实施大规模自愿转让的地方政府，中央政府鼓励他们至少将部分统建房的管理移交给私人管理部门。近 20 年，美国和英国都引入了对公共住房的私人管理。同时，为了筹集私人资金修缮没有转让的统建房，政府允许抵押这些房产，如果政府违约，贷款者有权力处置统建房。

（三）融资问题

在美国，以住房租赁为基础的补贴和以住房所有为基础的补贴是政府住房预算的一部分，而在英国，以住房租赁为基础的补贴是公共援助补贴的一部分，在政府不同的部门。这意味着英国中央政府限制和削减住房预算时，不需要考虑由住房预算减少可能导致的住房补贴支出的补偿性增加。并且住房补贴是给予有资格的租户（包括公共住房和私人住房），补贴总额由租金水平和合格家庭的比率决定，因此对住房补贴的政府拨款很难提前预计。

20 世纪 80 年代开始，英国政府就争论，财政政策有必要严格限制公共借款，包括公共住房更新改造和新建的借款，与此同时，英国政府积极推动私人市场为公共住房融资。公共住房由地方住房管理部门转让给注册社会房主后，注册社会房主作为私人实体，可以通过抵押房产在私人资本市场上借款，不通过公共借款，即可获得实现公共住房升级和更新改造的私人资金（Gibb，2002）。相似的，注册社会房主也可以通过私人融资建设新的公共住房（ODPM，2003b）。私人融资产生了很多私人债务，私人债务不像公共债务，融资不能被无限期的拖延，必须按时偿还；并且私人借款成本高于公共借款，偿还压力较大。在英国，对于使用私人借款还是公共借款为公共住房融资的争论一直在持续（Stone，2003）。

（四）社会问题

公共住房涉及的主要社会问题包括：贫困集中、社会排外和抵制社会行为等。

贫困集中是一个动态的形成过程。很多低收入家庭无力在住房市场上获得住房，只能努力申请公共住房，而英国公共住房供给的减少导致公共住房家庭的贫困程度越来越高，贫困和失业人口在公共住房社区集中的现象越来越严重。20世纪80年代的"购买权"政策引起了较高收入居民的大批离去，最后留在公共住房中的是处于社会和经济最底层的同质租户。1979年，英国全国约一半的家庭生活在地方政府或住房协会所有的公共住房中，而1994～1995年，公共住房中3/4的居民属于全国最贫困的40%的人口（Social Exclusion Unit，1998）。20世纪70年代，只有11%的公共住房家庭中所有家庭成员都没有收入，而2003～2004年，这一比例上升到69%（Berube，2005）。这些地方缺乏投资，存量住房不仅物理外形差，而且缺乏必要的基础设施，交通不便。

长期以来，社会的排外性使黑人只能居住在最不理想的住房中，他们聚集在条件很差的公共住房中。贫困社区存在高水平的犯罪和反社会的行为，居住在公共住房和低收入社区的居民认为社区中存在程度较高的混乱，这一比例是其他社区的2倍（Prime Minister's Strategy Unit and ODPM，2005）。

二、英国解决公共住房问题的办法

20世纪五六十年代，英国公共住房快速发展，但是很多住房离市中心较远，缺乏服务和必要的设施，交通不便，这些住房的外观和内部设施都已经老化，不适合居住。Page（1993）指出，20世纪80年代，住房协会发展的公共住房重复了相似的错误，如设计较差、管理不善、缺乏对可持续性的考虑和贫困家庭优先的分配政策，导致儿童密度较高、低收入家庭和容易受伤害的人群集中，公共住房社区陷入循环下降的过程。

Prime Minister's Strategy Unit and ODPM（2005）将导致公共住房社区进入循环下降的交叉影响因素简化为三类驱动力（图3.1）：一是薄弱的地方经济，如高度失业、低水平的商业活动；二是条件极差的住房和地区环境、不稳定的社区，如犯罪、对犯罪的恐惧、抵制社会的行为、乱扔杂物、在公共墙壁上随意图画；三是公共服务系统不完善，如较差的教育、健康和交通服务。针对以上问题，英国政府提出了一系列解决公共住房问题的办法，其中以"创建可持续发展的混合社区"最为著名。

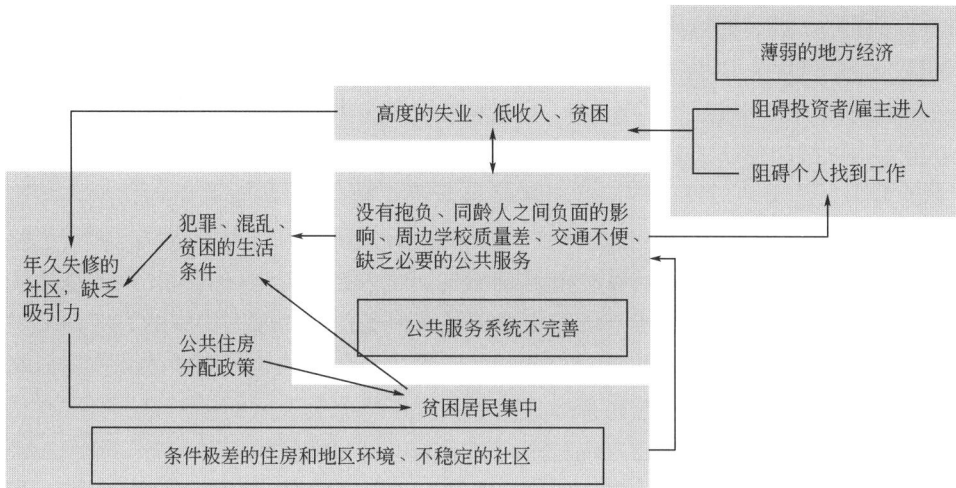

图 3.1　导致公共住房社区进入循环下降的驱动力

（一）政府相关政策

2000 年，住房绿色文件（housing green paper）提出进行公共住房存量升级，增加可持续性和有支付能力住房的供给，鼓励发展混合社区（UK DETR，2000）。2003 年，英国副首相提出可持续发展社区计划（sustainable communities plan），解决在英国北部和南部的住房供给和需求的不均衡，提高全国公共住房的质量，强调混合社区应包括不同样式和不同持有类型的住房，以适合不同家庭规模、不同年龄和不同收入情况的家庭居住（ODPM，2003a）。政府认为建立混合与包容的社区是很重要的（ODPM，2003c）。2005 年，副首相的五年计划提出增加住房所有机会，解决低收入家庭住房问题（ODPM，2005）。

规划在提供适当混合的解决家庭住房需求中扮演重要的角色。Urban Task Force（2005）指出，应保证社区在资产所有类型、收入和民族方面是混合的；并设定目标：在 2012 年以前，将所有公共住房社区转化为混合社区；使用公共资金建立不同销售价格、持有类型和规格的住房，满足普通家庭的物质需求、精神需求和家庭预算；在已经建成的社区，利用尚未使用的面积较小的位置，增加可支付住房的供给，使之距离各种生活、娱乐设施较近；提高附近学校质量，加强警力和社区管理；对已有住房进行重新造型，在老社区附近新建高质量住房。

Planning Policy Statement 3（Communities and Local Government，2006）将"在所有地区，包括城市和乡村，创建可持续发展的、包容的、混合的社区"作为政府住房政策的四项重要目标之一；在"实现住房混合"中指出，混合社区的重要特征是住房多样化，特别是住房持有类型、房价和不同家庭的混合（如有小孩的家庭、单身家庭和老年人家庭）。Planning Policy Statement 3 还指出，地方规划部门应该根据在规划期内可能有住房需求的家庭类型的不同，规划实现混合住房，包括：一是现有人口概况和未来人口发展趋势；二是特殊人群的住房需求，特别是有老人、小孩和残疾人的家庭；三是地区的多样化需求，包括安置吉卜赛人和旅游者。以战略住房市场评估和地方实际情况为依据，地方规划部门应该在地方发展文件中设定：一是可能需要市场住房或可支付住房①的家庭所占比例，如市场住房占 x%，可支付住房占 y%；二是需要市场住房的家庭类型概况，如带小孩的家庭（x%）、单身家庭（y%）和夫妇（z%）的占比；三是可支付住房的规格和类型。开发商应该提出反映市场住房需求和有住房需求的家庭构成的方案，反映对可支付住房的大小和类型方面的需求。任何社会住房的建设必须达到住房公司制定的开发标准或者使注册社会房主能够获得住房公司拨款的标准。所有可支付住房必须至少达到社区与地方政府部门制定的可持续性住房标准的第三等级。开发商设计时必须考虑外部和内部环境、交通、安全、节能、环境的可持续性、持久性和适应性。

地方住房管理部门越来越意识到国家政策的变化，不再鼓励独户住房发展，私人开发商和合格的注册社会房主之间的联合开发目前非常流行。开发商有兴趣或自愿参与混合社区开发，因为他们知道这是国家和地方规划政策的重要部分。很多私人融资项目最终融入了多种所有类型的房产，成为混合社区试点项目（Rowlands et al.，2006）。

（二）创建可持续发展混合社区的要素

经济和社会的可持续发展有赖于居民能够与社区以外的世界相联系。开放的空间、地方服务和娱乐设施等对于混合住房社区都非常重要，图 3.2 为促进混合收入社区可持续发展的重要因素。

对于混合收入社区，社区整体的设计质量对于减少明显的住房差异、保持社区的可持续发展、在未来也能成为有吸引力的居住地是很重要的（Rowlands et al.，2006）。社区中可能包含部分公共住房，但是应保证从所有住房的外部设计无法辨识资产的持有类型。Brophy 和 Smith（1997）指出，新混合社区的物理设计是对短期市场可行性和长期可持续性的一个重要协调。

----

① 在 Planning Policy Statement 3 中，可支付住房（affordable housing）被定义为"包括社会租赁住房和调节性可支付住房，提供给没有能力在公开市场上租房或买房的家庭的住房"。其中，社会租赁住房由地方住房管理部门和注册社会房主所有，指导租金根据全国的租金管理方式决定；也包括为了得到地方当局或住房公司的拨款，与上面有相同租金安排，但是由其他人所有或管理的租赁住房。调节性可支付住房（intermediate affordable housing）是指房价或租金高于社会住房，而在市场价格或租金以下的住房，包括部分产权住房（如 home buy）、折价销售住房和调节性租赁住房（不再包括低成本住房）。调节性可支付住房可以帮助解决重要产业工人和寻求获得第一阶段住房的家庭的住房需求，减少对社会租赁住房的需求，为家庭搬出现有的社会租赁住房提供更多的选择，保证混合的资产持有形式。

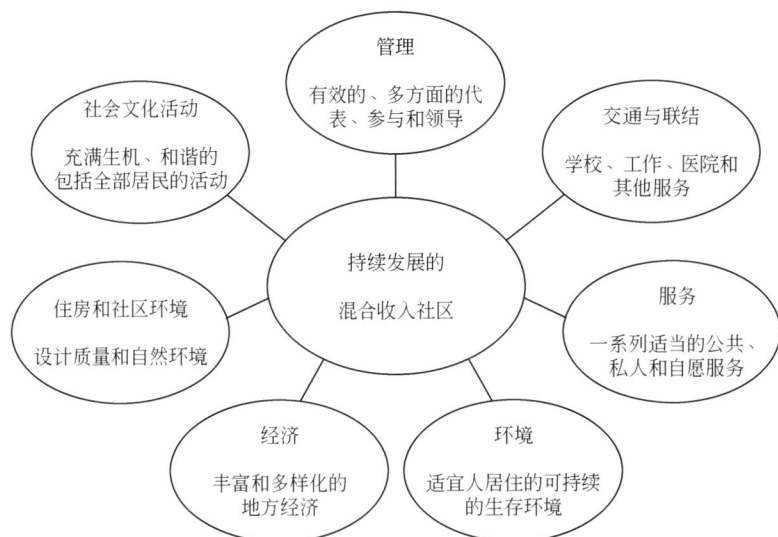

图 3.2 促进混合收入社区可持续发展的要素

资料来源：Bailey et al.，2006

高质量的学校、娱乐活动场所、医疗服务等设施和服务对于混合居住社区也非常重要（Tunstall and Fenton，2006）。混合收入社区应该为不同收入人群提供相互交流的空间，使拥有不同收入和住房所有状况的邻居可以发展更广泛的社会关系（Jupp，1999）。公共交通对于不使用汽车的家庭非常重要，交通便捷可以使低收入居民到达工作地点、商店和其他资源所在地更为方便。社区就业培训可以降低社区整体失业率。表 3.2 为英国部分成功的混合社区提供的服务和设施情况（Bailey et al.，2006）

表 3.2 英国部分混合社区提供的服务和设施情况

案例研究	非住房服务和设施
Caterham Village	超市、社区医院、板球场、健康俱乐部、旱（滑）冰场、经营活动中心、餐厅、艺术中心
Grahame Park	图书馆、社区中心、（日）托儿所、商店、新的绿地
Hulme	Hulme 是跨两个区的很大的更新改造项目，有很多配套的公共设施，但是娱乐和就业仍然是一个问题
Kings Hill	商业广场、超市、高尔夫俱乐部、（日）托儿所、社区中心、酒吧、商店、理发店、美容店、房地产中介、餐厅、咖啡厅、大学校园、两所小学、地方公园、药店
New Gorbals （Crown Street）	商业中心、地方购物中心包括超市、低价旅馆、小的地方办公住所、轻工业、地方公园、图书馆、资料室、娱乐中心、游泳馆
Ocean Estate	商店、清真寺、社区中心
Park Central	2 个超市、旅馆、社区中心、小学、新公园
Royal Quays	商店、社区中心、公园和附近主要的休闲娱乐中心
Upton	林荫大道、零售店在社区的外围、小学

对于成功的混合收入社区，前期的规划、建设和完善的配套服务设施十分重要，但是入住后的管理更为重要（Bailey et al.，2006）。公共住房提供者应该对投资长期负责，每个资产类型的群体都应该被平等地对待，管理部门对住房以及私人和公共设施负责，避免维护的双重标准，保证长期可持续性。

（三）政策实施要点

规划混合社区之前，**应该充分分析不同人群的特征**。例如，分析青年家庭、需要学校等的中年家庭、空巢的老年家庭和有残疾人的家庭等，使混合社区能够对处于不同生命周期阶段的人群都保持弹性（Meen et al.，2005）。结合地方住房市场条件、社区中的住房持有类型、家庭规模等特征进行设计，确定住房大小、不同住房的混合程度、混合居住的密度、社区融入更广泛城市区的程度和其他方面，如社区安全、增加残疾人通道等。

在适当的位置提供住房。政府应该确保住房开发的位置适当，能够提供一系列社会服务设施，如交通便利、购物方便、基础配套设施完善等。政府应该优先考虑已开发的土地，特别是空置和弃置的地点和建筑。

在新社区保证混合收入居住，不再提倡大规模、单一的公共住房社区。保证在新社区可支付住房的供应，限制极高收入社区和极低收入社区的发展；在现有缺乏经济多样性的社区推动更广泛的混合，特别是在高度贫困社区；防止现有混合收入社区向同质构成转变。如果一些新社区包含大规模的社会租赁住房和低成本所有权住房，但其他社区却没有这类住房，那么市场力将驱使未来有支付能力的购房者直接选择在单一所有类型的社区居住。因此规划引导非常重要，应该将公共住房作为新建社区的一部分。

注意新的混合社区中经济混合的合理程度。通过规划过程，公共住房和其他补贴住房可以被安排在新的市场化住房社区中。如果补贴住房和市场化住房家庭的收入差距过大，那么只会加剧新混合收入社区的紧张，降低社区凝聚力（Brophy and Smith，1997）。因此在新的混合社区中，应该考虑引入中等收入家庭，与两极收入者没有显著的差距。

避免中间区域成为政策盲点。中间区域既不能作为极度贫困社区获得改造，也不能受益于在高收入社区的市场投资水平。例如，英国的全国社区更新改造战略只关注全国 10% 的最贫困社区，帮助其进行社区改造，但是忽视了贫困程度也相对较高的 20% 和 30% 贫困的社区。应该通过宏观政策指导，促进更多的社区发展成为混合、包容、可持续发展的社区。

英国的社会组织 Social Exclusion Unit 指出，当社区包含广泛的社会收入人群时，社区功能运行得最好。创建混合社区的好处可归纳为以下几点：一是所有年龄、民族、家庭规模和社会阶层的人都有机会相互交流，发展更广泛的社会网络；

二是减少潜在的、负面的社区影响，如没有抱负、不容易获得教育和低水平的犯罪；三是附近学校可以吸引更广泛背景的学生；四是混合收入社区能够吸引和支持高水平的地方服务、休闲娱乐活动、商店和相关设施；五是较高的可支配收入水平可能为当地居民创造额外的就业机会（Bailey et al.，2006）。

第三节　美国公共住房问题及解决办法

美国的公共住房限制提供给低收入家庭和个人，地方住房管理部门主要依据以下方面决定申请人是否具有合法的公共住房租住资格：①全年总收入；②是否有老人、残疾人，是否是一个家庭；③是否是美国公民或合法移民。如果符合资格，地方住房管理部门将检查、确认该家庭是否是好的租户，拒绝那些其嗜好或行为可能对其他居民或者社区环境造成不良影响的租户。美国住房与城市发展部（Department of Housing and Urban Development，HUD）设定低收入为居住地（市或郡）中等收入的 80%，极低收入为居住地（市或郡）中等收入的 50%。各地区收入限度不同，因此租户可能在一个地区符合标准，而在其他地区就不符合。地方住房管理部门会提出当地的收入标准、住房规格和相应的房租水平。

一、美国公共住房发展过程中遇到的问题

20 世纪 80 年代末以前，美国的公共住房一直被认为是失败的，全国大量残破公共住房的居住条件受到指责。1989 年，美国国会成立全国整治严重受损公房委员会（National Commission on Severely Distressed Public Housing），全国整治严重受损公房委员会（1992）在给国会的报告中指出，严重受损公房地区的居民生活在绝望中，需要高水平的社会支持服务；住房条件恶劣；周围社区的经济贫困和社会问题严重。

美国公共住房面临的问题很多，包括极端的种族歧视、经济分割、公共服务不完善，以及缺乏警察、学校和卫生服务；大量的公共住房居民失业，只能依靠公共资助或者从事地下经济活动维持生活；缺乏有效的住房管理和充足的联邦基金支持，大量维修工作拖延，住房和设施年久失修，贫困公房社区成为最容易受到破坏的地方，居民面临疾病和受伤害的危险；暴力、吸毒和其他犯罪活动在这些地区非常严重，居民总是生活在担心和恐惧中，削弱了居住在这些社区中的家庭和儿童的幸福感；极度的贫穷、苦难和混乱也破坏了周边社区的生存环境，出现了高比率的贫穷、失业、辍学、犯罪和疾病，导致周边地区的商店和其他服务减少，工作机会减少。

在贫困公共住房社区，极端的种族歧视和经济分割现象十分严重。贫困公

共住房社区的主要居民是美国黑人和西班牙语系居民，居住在严重贫困社区周围的居民中有 88%是少数民族。种族歧视和缺乏政治影响力等原因导致贫困少数民族的公共住房社区缺乏公共交通设施和工作机会（Bickford and Massey，1991），这些都使居民承受了很高的心理和社会压力。全国整治严重受损公房委员会（1992）指出，公共住房区的经济分割现象十分严重，超过 80%的公共住房居民居住在贫困线以下，多数家庭的收入少于当地非补贴居民收入的 20%（不包括老年人家庭）。1991 年，居住在公共住房中的最贫困家庭（少于当地中等收入家庭 10%的家庭）所占比例由 1981 年的 2.5%增加到 20%，失业率和接受公共救助的比例也很高。

造成严重受损公房的原因有很多，包括设计不合理、结构粗制滥造、没有联邦基金支持维修和现代化改造，地方住房管理部门疏于管理。很多应该对大量受损公房负责的住房管理机构自身就陷入了困境——没有效率、责任缺位、资金不足。美国住房与城市发展部（HUD）以不发放更新改造资金的方式惩罚管理不善的地方住房管理部门，减少了用于修缮最差公房的资金来源。大量空置住房减少了租金收入，进一步恶化了住房管理部门的资金问题。空置住房很容易成为恣意破坏的对象（破坏管线和货架），成为吸毒者和其他从事违法活动者的据点，居民生活在高度恐惧中，这不仅与极度贫困人群和家庭的集中相关，还源于地方住房管理部门的管理失效。

穷人家庭的集中与 HUD 向最低收入家庭提供公房帮助、给予最困难家庭住房优先权的政策相关，而且这些地区较差的物质条件也导致贫民的集中。只有最贫穷、最容易受伤害的家庭才会住在最破的公房中，因为他们的选择最少。很多家庭在等待名单上排了很长时间，最终却拒绝搬进公共住房。例如，在 Tucson的 Connie Chambers 公房项目被重新修缮前，2/3 的租户拒绝住进去（Popkin et al.，2004）。

二、美国解决公共住房问题的办法

（一）HOPE VI 计划

1992 年，全国整治严重受损公房委员会建议国会连续 10 年每年给予 7.5 亿美元基金支持城市更新改造试点（urban revitalization demonstration），后来更名为HOPE VI。但实际上，每年的 HOPE VI 拨款从 3 亿美元至 6.25 亿美元不等。

HOPE VI 于 1993 年正式运行。HOPE VI 计划提出，通过拆除、改建、修复或完全重建，取代过时的建筑，改进严重受损公共住房居民的居住环境；通过改进这些公共住房所在地的情况，提高周围社区的环境；提供住房的同时，避免或减少低收入家庭集中的现象；建设可持续发展的社区。

HOPE VI 计划从根本上将公共住房改造、物质条件更新与提供服务相结合，初始资金 3 个亿中的 20%用于社区服务计划，包括文化培训、就业培训、日常护理和兴建年轻人的活动场所。HUD 允许地方住房管理部门将用于物质条件更新改造的拨款和用于提高管理、提供支持性服务的资金相结合，在两者之间随时调整有限的资金安排。HOPE VI 总计超过 50 亿美元的联邦拨款带动了其他公共、私人和慈善资金投资公共住房。但是后来，布什政府对 HOPE VI 计划的预算进行了削减，2004 财年和 2005 财年布什政府将 HOPE VI 拨款分别减少至 1.5 亿美元和 1.44 亿美元，2006 财年布什政府再次提出减少 HOPE VI 计划的预算安排（Popkin et al.，2004）。

HOPE VI 计划自实施以来，提高了公共住房居民的生活质量，增加了就业和获得其他服务的机会。HOPE VI 不仅重建了公共住房，而且通过吸引其他资金投资，建立了混合收入社区，将公共住房纳入更广泛的社区，减少了贫困家庭的集中。下面将介绍 HOPE VI 计划的实施要点。

1）混合融资开发模式

在 HOPE VI 以前，HUD 没有鼓励地方政府和私人部门（贷款者和投资者）参与公共住房投资的措施，联邦政府承担所有设计和新建公共住房的成本。1994～1996 年，HUD 对 HOPE VI 引入混合融资开发模式，允许私人开发商启用 HOPE VI 资金，使 HOPE VI 资金与私人资金相结合，在以前公共住房的位置创建新的经济融合社区，其中的公共住房必须按照市场化的标准设计、建筑和管理。

1994 年，HUD 规定如果私人部门建设的公房单元继续被作为公房保留和运作，并且符合所有公共住房的运作原则和规定，则公共住房可以由私人部门所有。这种非常规的所有制结构也使住房管理部门转变了职能和角色，由低收入住房的生产者、管理者和所有者，转变为贷款者、合作者和整体调控者。1998 年，《住房质量和工作义务法》（*Quality Housing and Work Responsibility Act*）允许住房管理部门向私营企业所有的混合收入住房提供公共住房发展基金和运行补贴，强调混合收入、混合融资住房享有获得资金的优先权。住房管理部门向混合融资项目提供资金支持的形式包括赠与、贷款、担保或对项目其他形式的投资。

随着 HOPE VI 的发展，私人部门开始前所未有地参与公房投资。为了保证混合租户，HUD 鼓励开发商通过私人部门债务融资、私人部门权益融资、其他联邦拨款、地方资金和慈善资金启用 HOPE VI 资金。U.S. General Accounting Office 研究表明，2001 财年 1 美元 HOPE VI 基金可启动 1.85 美元资金投资公共住房。除了 HOPE VI 基金，公共住房管理部门和开发商还使用其他资金来源，如社区开发项目拨款（Community Development Block Grants）、住房基金（HOME funds）、低收入住房税收优惠证（LIHTC）和免税债券等，企业和慈善组织也捐赠了一些资金。

在一些案例中，非公共住房资金主要用于降低成本、建设和维护可以吸引较高收入家庭的设施，而不是用于混合补贴的公共住房。但是低收入家庭也受益于这些配套设施和高水平的管理。HOPE VI 计划已经扩展到住房建设以外更大的范畴，包括环境改造和提供社区服务，增加了引入外界资金的机会。

2）质量设计原则

原有公共住房的建筑成本很低，但是却导致了很高的持有成本、贫困的生活条件、恣意破坏甚至犯罪。HOPE VI 将新城市化作为社区设计的指导标准，新城市化要求"以恢复功能和保持持久社区为基础改造传统社区类型，包括住房朝向街道、有混合的住房类型、价格和规格，以吸引不同收入的人群，经过一条街路或人行路即可到达商店和公园，交通便捷"。HUD 还提出"可防御的空间"，"使居民可以更好地控制、管理在他们住所以外的区域"（Newman，1996）。这种设计在私人和半私人的居民空间比较普遍，有助于改变公共住房社区常见的随意出入和穿行的现象。

3）公共住房管理改革

长期以来，公共住房由联邦高度统一管理，联邦影响管理的每个方面，包括建设、购置、分配、出租、驱逐房客以及维护居民权利和协调居民关系等。很多公共住房管理部门的管理较差，导致社区发展情况下降。

HOPE VI 计划放松了 HUD 对公有住房的管制，发展了企业参与、市场调节的公房管理模式。HUD 只是纲要性地阐述了公房管理的每个方面，将重点放在寻求住房管理部门、私人开发商和管理公司在住房管理上的公私合作，鼓励住房管理部门尝试新形式的资产管理方式，将现场管理转包给私人公司。

资产管理和以项目为基础的独立账户管理是 HOPE VI 的基础，因为这些资产经常有专业化的融资安排和独立的 HOPE VI 项目等候名单。资产管理的重点在于住房管理部门详细记录每一项资产融资的可行性和经济潜能，以此作为管理和投资决策的基础。资产管理要求住房管理部门对运营成本保持独立的账户，为每一项资产分别制订运行计划，进而提高对整个组合资产的管理能力。

4）社区支持服务

社区支持服务作为公共住房改造的一部分，旨在帮助公共住房居民克服贫困、失业、犯罪和缺乏教育的现状。各地的服务方式不同，根据社区人群的构成，如65 岁以上的老人、残疾人、中青年、儿童的比例，服务内容也有所不同，包括建立计算机学习中心、图书馆、课后班、提供日常护理、就业培训计划、推荐工作等。表 3.3 为截至 2003 年 6 月 30 日居民参与及完成社区支持服务计划的情况（U.S. General Accounting Office，2003）。

表 3.3　参与并完成社区支持服务计划的居民人数

社区支持服务计划	居民参与人数/人	完成计划人数/人
就业准备/就业安置	25 831	N/A
咨询计划	23 458	N/A
交通支持	18 202	N/A
职业技能培训计划	11 860	6 477
儿童看护	9 274	N/A
高中或同等学力教育	7 136	2 530
住房所有咨询	4 901	2 093
戒毒计划	2 108	N/A
创业培训	1 634	789
英语作为第二外语的培训	1 089	N/A

5）减少犯罪战略

1988～2002 年，公共住房限制毒品计划（Public Housing Drug Elimination Program）允许公共住房管理部门动用警察和安全部队，限制毒品进入公共住房区。1996 年，"one-strike"条款赋予住房管理部门权力，任何家庭成员有与毒品犯罪活动有关的证据，该家庭都将被驱逐出公共住房。HUD 修改了公共住房和救助性住房的租赁规则，要求租户遵守租约，允许住房管理部门对新的混合收入社区设置监视设施。

HOPE VI 计划拆除了大量严重受损住房，提供设计较好的混合收入居住社区。较好的设计和合理的结构减少了恣意破坏事件，使公共住房也能保持正常的磨损。HOPE VI 计划实施 10 余年来，原始居民家庭收入水平显著提高，就业率上升，犯罪率下降，学校质量提高，公共住房社区的租金水平和房价均有所提高。住房研究会（Zielenbach，2002）对波士顿、亚特兰大、费城、西雅图等 8 个不同城市的 8 个实施了 HOPE VI 计划的社区进行调查，将其与城市平均值进行比较：1990～2000 年，HOPE VI 社区人均收入的增长速度比城市人均收入增速快 57%；失业率降低了 10 个百分点，而城市失业率没有显著变化；贫困集中度由 1989 年的低收入家庭(收入少于当地中等家庭收入的 80%)占 81%下降到 1999 年的 69%；平均犯罪率明显下降，比全城犯罪率下降速度快 30%。HOPE VI 项目促进了邻近社区基础设施状况的改进，如增加对附近学校的投资、建设新的社区中心和公园、增加其他服务设施等。社区环境改善以及周边服务设施的增加也带动了周围社区房价的上涨，实现了更大范围的更新改造。项目资金流的多样化减少了公共住房对联邦补贴作为唯一资金来源的依赖性。亚特兰大、夏洛特和华盛顿等地将市场化租赁、家庭自有住房和公有住房（给予较少的补贴）相结合，实现了不同收入家庭在同一社区的混合居住。

但是，贫困公共住房社区的问题由来已久，HOPE VI 计划的实施使由贫困人口集中引发的问题有所改善，但是公共住房社区普遍存在的居民健康状况较差、收入偏低、种族隔离和犯罪等问题仍然比较严重，有待进一步解决，详见 Popkin（2002，2004）。

（二）住房选择代金券计划

贫困、失业家庭的过度集中导致公共住房社区严重的社会问题。除了 HOPE VI 计划以外，HUD 分散贫困、向低收入家庭提供住房选择机会的努力还包括执行 Section 8 计划。1998 年，Section 8 计划更名为住房选择代金券（Housing Choice Voucher）计划，是联邦政府支持低收入家庭在私人住房市场租房的主要计划。

1994 年，HUD 提出搬向机会（Moving to Opportunity，MTO）试点活动，提供特殊目的住房选择代金券，帮助公共住房居民到低贫困地区居住。MTO 试点是一个随机的社会试验，1994～1998 年，住房管理部门在巴尔的摩、波士顿、芝加哥、洛杉矶和纽约五个城市，与地方非营利咨询公司征集了 4608 个符合条件的家庭参与 MTO 试点活动。这些家庭必须居住在中心城区的公共住房或私人资助住房中，所在社区的贫困率在 40% 以上，收入较低并且有 18 岁以下的小孩。每个家庭被随机地分到以下三个组中：

（1）试验组（experimental group），被提供只能在低贫困社区（贫困率低于 10%）使用的住房选择代金券，并且必须在低贫困社区居住满一年，然后代金券的使用才不受位置限制，地方咨询公司帮助试验组家庭在合适的社区寻找和租赁住房；

（2）Section 8 组，根据 Section 8 计划的规则和服务提供常规的住房选择代金券，没有地理位置的限制和特殊的支持；

（3）控制组（control group），不提供住房选择代金券，继续居住在公共住房社区或者提供其他住房支持（Larry et al.，2003）。

1996 年，区域机遇咨询行动（Regional Opportunity Counseling Initiative）提供更多的资金支持，扩大了 Section 8 持有者的选择范围。20 世纪末，住房选择代金券计划成为除公共住房计划以外的美国最大的住房资助计划，被认为是帮助低收入家庭获得支付得起的住房、又不会导致贫困集中现象的基本工具。Buron 等（2002）指出，获得住房选择代金券的居民所居住社区的贫困率由 61% 下降到 27%，他们中约 40% 的家庭不再回到原来的贫困公共住房社区居住，目前居住在贫困率低于 20% 的社区。

对于高收入家庭是否愿意在混合社区中居住，Kearns 和 Parks（2002）研究发现，居住其中的人认为混合社区适宜居住，但是住房所有者更喜欢与同阶层、持有相同资产类型的家庭居住在一起。抵押贷款委员会（Council of Mortgage

Lenders）（2002）引用住房建设者联盟的研究指出，买房者不喜欢居住在混合社区。但是这些研究只是反映了受访者个人对混合社区的想法。社区是混合或非混合，对于大多数居民来说，只是一个很小或者不存在的问题，超过一半的混合社区居民没有感受到由混合带来的问题或收益，这与提倡混合社区的时间较短有关（Allen et al.，2005）。但是相信从长期看，混合社区对于居民、社区和整个社会都将产生正面、积极的影响。

本 章 小 结

　　本章重点对美国和英国的公共住房进行考察，首先总结了英美公共住房近100 多年的发展历史，发现两国公共住房的发展在指导思想、政策、实际落实等方面既有融合，又有分歧。两国公共住房都在一定程度上解决了国内中等和中低收入阶层的居住需求，成为各自住房保障制度的重要组成部分，但是也都暴露了一些问题，共同的问题就是公共住房政策使大量低收入家庭聚居在一起，公共住房社区容易沦为贫民窟，住房条件差、失学率高、失业率高、犯罪率高。针对这一现象，两国都采取了一些政策措施解决公共住房的问题。例如，英国促进混合收入社区可持续发展的规划和政策，美国解决公共住房问题提出的 HOPE VI 计划和住房选择代金券计划。

第四章　发展公租房与产权房并存的
混合收入社区

在调研中，我们发现，一些城市的公租房仍然是集中建设，成为"公租房小区"，与此类似，各个城市也有"廉租房小区"。在最初建设时，集中建设保障房在划拨土地、建设、管理时确实比较省事。但是发达国家房地产市场的发展经历表明，公共住房社区很容易在发展多年后成为贫困集中的社区，并且公共住房、经济分割和贫困集中是三个互为相关的问题：公共住房政策推动了住房分类，是导致经济分割的重要原因之一；贫困集中是经济分割最直接的结果；而公共住房是贫困集中地区的重要特征，因为公共住房政策会加速居住分类，富人逐渐搬出了公共住房社区。随后，欧美等发达国家又会拨出大量专项经费来治理公共住房社区的房屋质量、安全、失业、吸毒等问题。

我们应该重视发达国家在发展公共住房的百余年历史中已经遇到过的问题，借鉴其通过政策措施，鼓励不同收入的家庭在同一社区中混合居住的发展经验。本章将运用 agent-based model 模拟由居住分类导致城市内部经济分割的过程，借鉴 20 世纪 90 年代以来美国和英国等国家协调解决公共住房、经济分割和贫困集中等问题的办法，建议我国应该在产权房社区中配建公共租赁住房，走"混合收入社区"的可持续发展之路。

第一节　城市经济分割问题产生的原因

经济分割是指不同经济阶层在空间上彼此居住分离的程度，在美国和欧洲的一些发达国家都是很常见的社会现象（Dorling and Rees 2003；Hardman and Ioannides，2004；Eitle et al.，2006）。在英国，北部和南部存在明显的经济分割现象。伦敦居民的经济增加值比东北部地区居民的经济增加值高 70%，1989～2000年，伦敦经济增加值的年增长速度比东北部快 60%（Robinson，2004）。伦敦和东南部有 29% 的家庭处于全国收入的前 20%，而北部地区的这一比例仅为 13%～15%。即使在相似人群中，地区差异也很显著。在东南部，居住在统建房中的年轻人的就业率由 1993 年的 58% 上升到 2002 年的 65%，而在北部相似的人群中，就业率却从 1993 年的 32% 下降到 2002 年的 25%（Faggio and Nickell，2003）。在地方层面上，一些大伦敦的行政区和北部城市都存在高度的贫困、有限的地方工作机会、低就业率和低收入（ODPM，2004b）。在社区层面上，经济阶层的分割更为明显，在贫困社区中，贫困儿童比贫困成年人的空间集中度更高（Tunstall and Lupton，2003）。

20世纪下半期，经济和政策的变化也导致美国出现高度的经济分割。一份对1980～2000年美国50个最大都市的研究表明，1990～2000年，东北部和中西部的城乡收入差距仍然很大，并且不断增长；最穷和最富郊区之间的差距在80年代迅速增长，90年代虽然有所减缓，但是不平等的状况在全国仍然普遍存在。市郊收入差距最大的是在菲尼克斯、洛杉矶和惠灵顿等地区（Massey and Fischer，2003；Swanstrom et al.，2004）。

根据对相关文献的回顾，我们将产生城市内部空间经济分割的原因归结为以下三点。这些在美国、英国和其他房地产市场发展历史较长的国家都造成了长期的、较大程度的、空间上的经济分割。

一、收入不平等趋势的增长

收入两极化使高收入地区更加富裕，穷人聚居区更加贫困。社会财富的分配符合"二八定律"，少数富裕家庭获得国家经济增长的最大份额，而最贫穷家庭获得财富的能力却越来越低，长期收入不平等恶化了穷人的经济地位。例如，1979～1995年，英国收入水平最高的10%的家庭收入增加了60%～68%，而收入水平最低的10%的家庭收入却降低8%（Hills，2007）。

收入不平等增长的动因很多，在很多发达国家有一些共同点：一是技术进步和全球化交易增加了雇主对受教育劳动者的需求，相对减少了对低技术工人的需求，高技术工人的工资增长很快，20世纪70年代中期，大学学历的男性比没有学历者收入高73%，到90年代中期，这一差距扩大到93%（Hills，2007）；二是家庭结构的变化，特别是单亲家庭对于长期发展趋势有所影响，20世纪60年代早期，有小孩的单亲家庭占最低收入家庭的5%，而2001～2002年，这一比例达到17%，而所有人口中这一比例仅为9%（Dickens and Ellwood，2001）；三是缺乏社会流动性，20世纪，收入分配运动快速增长，中产阶级规模扩张，低端的个人和家庭的收入虽然有所增长，但是很难进入上一个收入阶层（Aldridge，2004），社会流动性降低，例如，在过去的20～25年中，英国的个人和家庭在一辈子中，能够从低收入阶层进入高收入阶层的比例明显下降（Sigle-Rushton，2004），1991年约一半的处于最低收入阶层的英国人在接下来的10年中仍然处于相同的地位（ONS，2004）。

二、居住选择

收入不平等的增长是造成经济分割的宏观影响因素，而居民关于居住选择的微观决定则更直接地造成了经济分割（Berube，2005）。高收入家庭通常会选择位置、环境、配套服务较好、房价较高的社区，与其他高收入家庭住在一起；而低收入家庭受到有限的资金约束，理性消费者通常会寻求较高社会支付、个人承担较低费用的住房（Glomm and Lagunoff，1998）。这一过程通常被描述为"居住分类"，是自由市场的必然趋势。居住分类过程是动态的，富裕家庭自愿为分割支付较高的金额，即自愿为好位置支付高房价。在已经出现分化的社区中，随着环境的进一步恶化，大部分经济能力较强的家庭会搬走，并且回来的可能性很小。

即使是在历史上的弱势群体中，也存在居住选择导致经济分割的现象。在英国的公共住房中，1998 年，搬出公共住房家庭的收入相当于搬入家庭的 2 倍（£336 vs £167 weekly）。在过去的几十年中，美国的黑人家庭从中心城区移向城郊住宅区的速度加快，在这一过程中，有专业技术的黑人家庭选择了大多数是中等收入和高收入家庭居住的社区，而工薪阶层的黑人家庭只能住在邻近市郊的老房子里，学校质量较差，社区贫困率较高（Lyddy et al.，2005）。Cheshire 和 Sheppard（2003）评价 1997 年城市挑战培训计划时指出，失业率在活动结束时比开始时还高，不是因为培训本身的失败，而是由于居民迁居的类型。在计划期间，搬出社区的只有 9%的失业率，留在社区的有 15%的失业率，而搬入社区的有 21%的失业率。Cheshire 和 Sheppard 研究表明，获得培训、找到较好工作、收入有所提高的部分居民最终选择搬出贫困社区。

三、住房政策

大多数住房是市场化的，市场力（如居住分类）在推动经济分化中起着重要的作用。然而，贫困集中不仅是消费者选择的结果，一些住房政策如公共住房政策，也推动了这些住房运动，增强了住房和贫困之间的联系，尤其是加强了社区层面的贫困。

美国的整治严重受损公房委员会（National Commission on Severely Distressed Public Housing，1992）指出，超过 80%的公共住房居民处在贫困线以下，多数家庭的收入少于当地非补贴居民收入的 20%（不包括老年人家庭）；1981～1991 年，居住在公共住房中的最贫困家庭（少于当地中等收入家庭 10%的家庭）所占的比例由 1981 年的 2.5%增加到 1991 年的 20%，增长了 8 倍，失业率和接受公共救助的比例也很高。美国贫困家庭的集中与住房与城市发展部向最低收入家庭提供公房帮助、给予最困难家庭住房优先权的政策相关。同时，也只有最贫穷的和最容易受伤害的家庭才愿意住在最破的公房中，因为他们的选择最少。

在英国，20 世纪 80 年代，购买权计划实施后，位置最理想、质量最高的公共住房首先被购买，促使中等和中高收入家庭离开公共住房。1971～2003 年，英国的住房自有率从 50%上升到 71%（ODPM，2004b），这使得公共住房中家庭的经济范围明显缩小。同时，新增公共住房显著减少，由1975年的14.5万套到1994～1995年的4.3万套，2002～2003年减少至2.1万套（Berube，2005）。逐渐地，公共住房只提供给无法在住房市场上解决住房问题的家庭。将公共住房定义为"解决大多数贫困家庭住房需求"，导致地方住房管理部门优先将公共住房分配给最容易受伤害的家庭。例如，制定评分体系，根据怀孕、疾病、低收入和住房过于拥挤等住房需求因素给申请者打分。从1978年开始，《无家可归者法》要求地方住房管理部门向无家可归者提供住房。这些政策的执行经常导致在不理想的住房地点出现贫困集中，使公共住房成为最后的救助性住房。

在美国和英国，由于公共住房资产空置率过高，对于弱势家庭，社会房主只向他们提供一次在社会住房中居住的机会，一旦他们因为所提供社会住房的条件或位置较差，而拒绝居住，那么就会受到社会房主的惩罚。有些地方为了控制社会问题（如仇视社会），还会将有缺陷的家庭集中到一起，这些都导致了在公共住房社区出现贫困家庭的集中。

第二节　不同收入家庭的居住分类现象模拟

基于对国外情况的总结和文献综述，得出收入不平等、市场力推动造成的居住分类和不恰当的公共住房政策是导致城市内部产生空间经济分割的主要原因。在这一节中，我们暂不考虑人为制定的公共住房政策，分析完全在市场力的作用下在城市内部是如何产生居住分类和经济分割现象的。

一、模型假设

住房商品化之后，经济收入水平决定了住房可支付能力，住房购买力成为家庭能否获得理想住房的决定性因素。相同收入阶层趋向于居住在一起，打破了原来以各企事业单位的住宅区为基础的城市房屋分布格局。本模型不考虑极端情况，仅从最一般的情况出发，有如下前提假设：

假设一，本书中房价采用住房的交易价格，房价以正常速度增长，不考虑房地产泡沫等特殊情况；

假设二，仅考虑商品住房交易，不考虑廉租房、公租房等保障房以及租房的情形，认为个体只有通过拥有住房才能进入城市空间；

假设三，认为个体所拥有的家庭财富和房屋条件与房价呈正相关，即房价越高，意味着该户家庭所拥有的除住房外的财富量越高，同时也意味着该住房的各项条件，如公共设施、地理位置等更加优越，对个体的吸引力越大，从而当个体有能力支付时将选择搬迁至对自己吸引力更大的位置。不考虑家庭财富与其居住的房屋价值负相关的情况。例如，家庭收入低，但是居住在父母遗赠的高价住房中（邓琳等，2015）。

二、模型运行机制

本书主要参考 Schelling（1969）、Gauvin 等（2013）和 Bruch（2006）的研究成果，运用 Agent-Based Model 来构建模型。Schelling（1969）基于 agent 建立人种分离模型，将具有明显属性区分的不同集群组合视为一个复杂系统，集群内个体通过不同的行为选择相互影响而演化出共同结果。后来，Schelling 从一维线性模型延伸至二维分布，把一定区域模拟划分为有固定数目的小空间，在各空间随机分布具有不同属性的集群的个体。Agent-Based Model 之后便一直被用于研究人种隔离问题。随着随机动力系统理论的引入，Agent-Based Model 被广泛应用于各种非线性系统问题的分析和仿真。Huang 等（2013）对近年来 Agent-Based Model 的应用做了总结，其中，对于城市空间居住隔离问题的研究是 Agent-Based Model 应用的主要方向之一。Haase 等（2010）分析了城市人口增长、停滞和萎缩三种情况下居民的流动性情况，提出对空置的住宅进行有选择性地拆毁来实现巨大的房屋供给量和需求量之间的平衡。Benenson 和 Hatna（2011）扩充了 Schelling 的二分图景，研究少数群体和多数群体两者数量的多少以及相对比例的变化对结果的影响；Benard 和 Willer（2007）、Gauvin 等（2013）把个体的财富和地位、个体对房子的偏好和支付能力考虑进来，发现了房价的内生性是形成经济分割的前提条件。Bruch（2006）将居住的分离程度采用收入水平度量，并把房价划定由邻居的平均收入水平决定，这些成果对于本书的研究具有很大的借鉴意义。

本书在 Microsoft Visual Studio 2008 开发平台下对模型进行计算机模拟。划分一块具有 64×64 个格子的区域，其中每一个格子代表一个城市空间，相邻的格子定义为邻居。当一个家庭打算购房时，他们很关注该地理位置是否距离好学校、工作地点、便利店和医院比较近，是否有整洁的街道、安全的居住环境和良好的交通设施，Berube（2005）将这些因素统称为"机遇地势"。通常，富裕的家庭倾向于到配套设施较完备、机遇地势较高的社区居住，并自愿为好位置支付高房价，而贫穷的家庭由于无法承受好位置的高房价，被迫留在位置较差的社区，从而在城市内部形成了相同收入阶层在空间上的聚居，即房价在一定程度上可以反映出该社区居民的财富状况；反之，我们认为，由居民财富状况决定的社区理想程度影响该地区的房价。Gauvin 等（2013）区分了个体的住房需求价格和供给价格，而本书在这里做了修正，不再做供给价格和需求价格的区分，将每个格子的住房价格 R 设定为由住房的固有价格 H 和周边 N 个邻居除住房外财富 F 的平均值这两部分组成，即：

$$R_i = (1-m)H_i + m\frac{1}{N}\sum F_j \tag{4.1}$$

其中，变量 m 代表 H 和周边 N 个邻居 F 的平均值之间分布的权重，当 m=1 时，代表房价完全取决于其周边 N 个邻居除住房外财富 F 的平均值；当 $m=0$ 时，代表房价完全取决于其固有价格 H_i，而该固有价格与房屋的地理位置有关，受到其自然环境、公共设施等条件的影响，并且在空间上是连续的。在初始情况下，将 H_i 和 F 的初值设定由计算机随机赋予。

在模型开始时，首先随机选择一个格子空间，判断该空间是否空置，如果空置，则新个体以概率 p_i 迁入，即进入城市空间，一次迭代结束；相反，若该空间不空置，则考虑格子内的个体以概率 p_0 迁出，即离开城市空间，一次迭代结束；若该个体不迁出，则考虑其在城市空间内部移动的可能性。再次随机选择一个新的格子，判断其是否空置，如果不空置，则没有任何移动发生，一次迭代结束；若该格子空间空置，则依据设定条件判断移动是否发生，当满足条件时发生移动，一次迭代结束。每次迭代结束后，都要对迁入地及迁入地周围邻居的房价进行数据更新。模型运行的整个过程如图 4.1 中模型运行机制流程图所示。

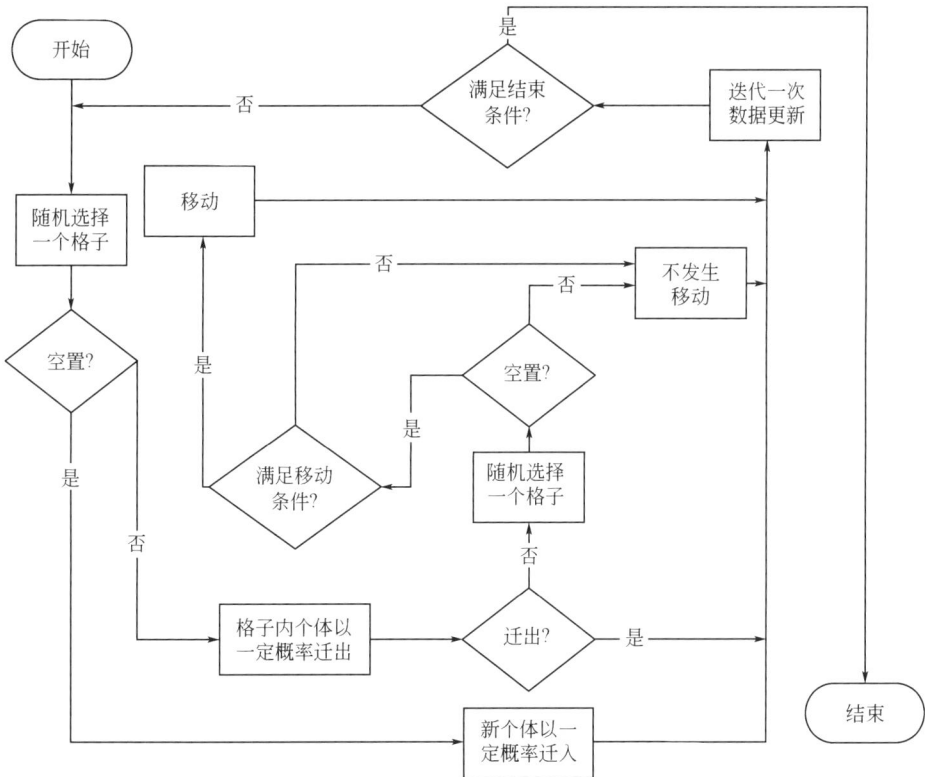

图 4.1　Agent-based model 运行机制流程图

由假设三，个体所拥有的家庭财富和房屋条件与房价呈正相关，因此，在个体移动过程中，本书设定，若新格子内的房价 R_2 大于个体原住房的价格 R_1 时，考虑其支付能力，当该个体原来所拥有的除住房外财富 F_1 和个体原住房的价格 R_1 之和大于新格子内的房价 R_2 时，移动才会发生，个体才可能移动到新格子内，即个体移动条件如式（4.2）所示：

$$\begin{cases} R_2 > R_1 \\ F_1 + R_1 > R_2 \end{cases} \tag{4.2}$$

本书设定个体考虑迁移的周期为一次循环，一共有 64×64 个格子空间，因此在一次循环内共有 4096 次迭代发生。

三、基于 Agent-Based Model 的居住位置演化

对于 Agent-Based Model 的实证分析，本书分为两种情况进行探究。第一种情况，初始时设定格子区域内没有任何个体分布，个体的初始财富值 F_0 由计算机随机均匀赋值；第二种情况，初始时设定格子内已有 3/5 的个体覆盖，并模拟北京市居民除住房外财富分布情况，对个体的初始财富值 F_0 进行相关赋值。

在第一种情况下，格子内初始没有任何个体分布，参考 Gauvin 等（2013），房屋的固有价值 H 具有时间独立性，将 0～100 的随机数赋予各个格子空间，作为房屋的固有价值 H，并且为了消除 H 的整体方差，体现 H 的空间连续性和地理位置无关性从而排除其他因素的影响，其初始值将按照式（4.3）迭代 50 次。

$$H_i(t+1) = \frac{1}{5}\left(H_i(t) + \sum H_j(t)\right) \tag{4.3}$$

考虑到现实生活中房屋的固有价格会受其他因素（如通货膨胀等）影响而不断增加，本书在这里做了修正，定义固有房价 H 随着时间的变化线性增加，每一轮循环都有一个增幅 h，如公式（4.4）所示，设定 h 为 0.01。

$$H(t) = H(t-1)(1+h) \tag{4.4}$$

Benenson 和 Hatna（2011）在实证分析中，将个体搬迁率设定为 0.01，而本书的初始迁入率参考该值，将 p_i 设定为 0.04，因为我们更关注人口迁入率高的大城市。另外考虑实际情况下城市内人口不断增加，因此迁出率要低于迁入率，将人口迁出率 p_0 设定为 p_i 的 2/3。侧重考虑周围邻居所拥有的平均财富量对房价的影响，将公式（4.1）中的 m 设定为 0.7，N 设定为 4，即同时考虑周围 4 个邻居。设定所有个体除住房外的财富 F 的初值 F_0 为 150，另外随着每一次循环的结束，F 均以概率 f 线性增加，即如公式（4.5）所示，设定 f 为 0.01。

$$F(t) = F(t-1)(1+f) \tag{4.5}$$

第二种情况模拟现实中城市居民财富分布情况。以北京为代表的大城市内房价分布呈以中心为核心不断向外递减的趋势，如图 4.2 所示。本书以北京市为例，由图 4.2 中的数据对房价 H 和距离城市中心的距离 a 做数据拟合，得到其服从

$H=\alpha a^{-0.57}$ 的幂函数分布，其中 α 为常量，拟合误差为 0.055。由假设三，F 与 H 呈正相关，因此初值 F_0 设定为 $F_0=\beta\, a^{-0.57}$，其中 β 为常量，而考虑初始条件下 F_0 在格子内的分布情况是由中心区域所具有的最高值 150 以幂函数向周围递减的，因此本书出于一般化考虑，在该种情况下将新进入格子内的个体初始所拥有的除住房外财富 F 设定为 75，其余变量取值与第一种情况相同。

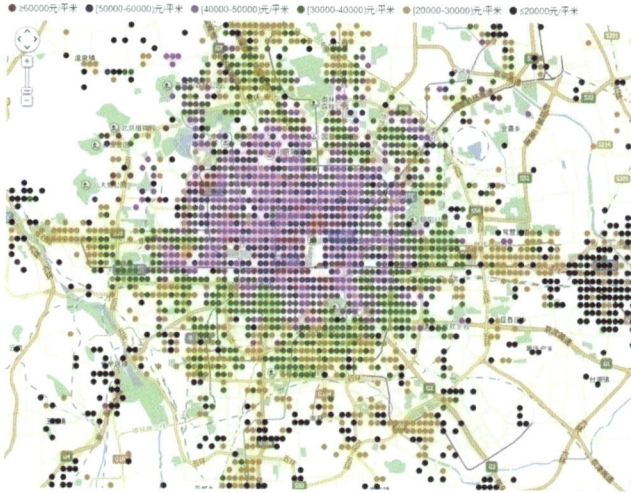

图 4.2　2013 年 7 月北京城市二手房房价分布

资料来源：http://bj128.net

为了便于观察并消除数据波动性，本书将所得到的数据以取对数的方式进行线性化。F_0 的计算机模拟分布情况如图 4.3 中所示，其中，不同颜色代表 F_0 不同的价格水平。

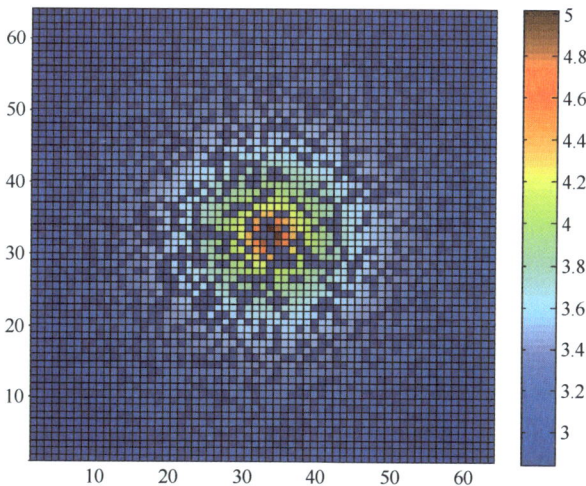

图 4.3　情况二条件下 F_0 初始分布情况

本书以房价分布作为个体居住空间隔离情况的判断标准。

对应第一种情况，利用计算机模拟得到图 4.4 中所示的房价分布情况，其中，从图（a）到图（d）分别是初始条件、循环 100 次、循环 300 次和循环 600 次情况下的房价分布图景，可以观察到个体间出现了明显的居住空间隔离现象。

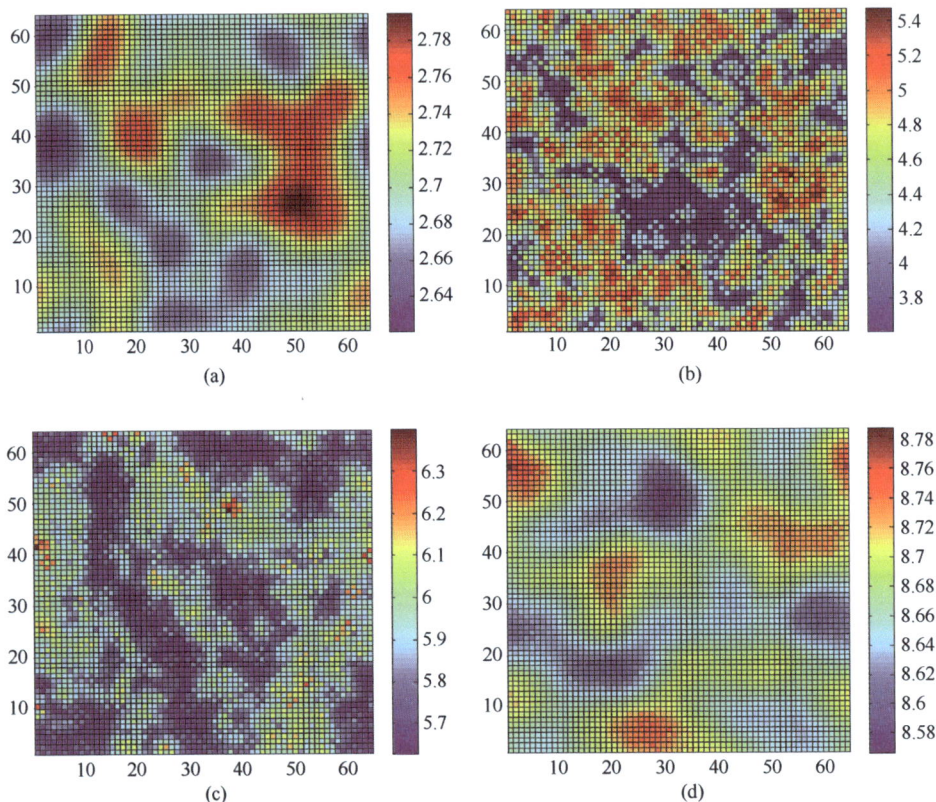

图 4.4　情况一条件下不同循环次数下的房价分布

对应第二种情况，利用计算机模拟得到图 4.5 中所示的房价分布情况，其中，从图（a）到图（d）分别是初始条件、循环 20 次、循环 60 次和循环 100 次情况下的房价分布图景，其初始房价分布模拟北京市房价分布情况，而随着模拟次数的增多，个体间居住隔离现象也更加明显。

四、经济分割程度的度量

本书并没有将个体居住空间隔离作为研究重点，而是研究在居住空间隔离现象下出现的经济隔离现象。以基尼系数①作为经济隔离的度量标准，衡量收入不

---

① 详见维基百科：http://en.wikipedia.org/wiki/Gini_coefficient。

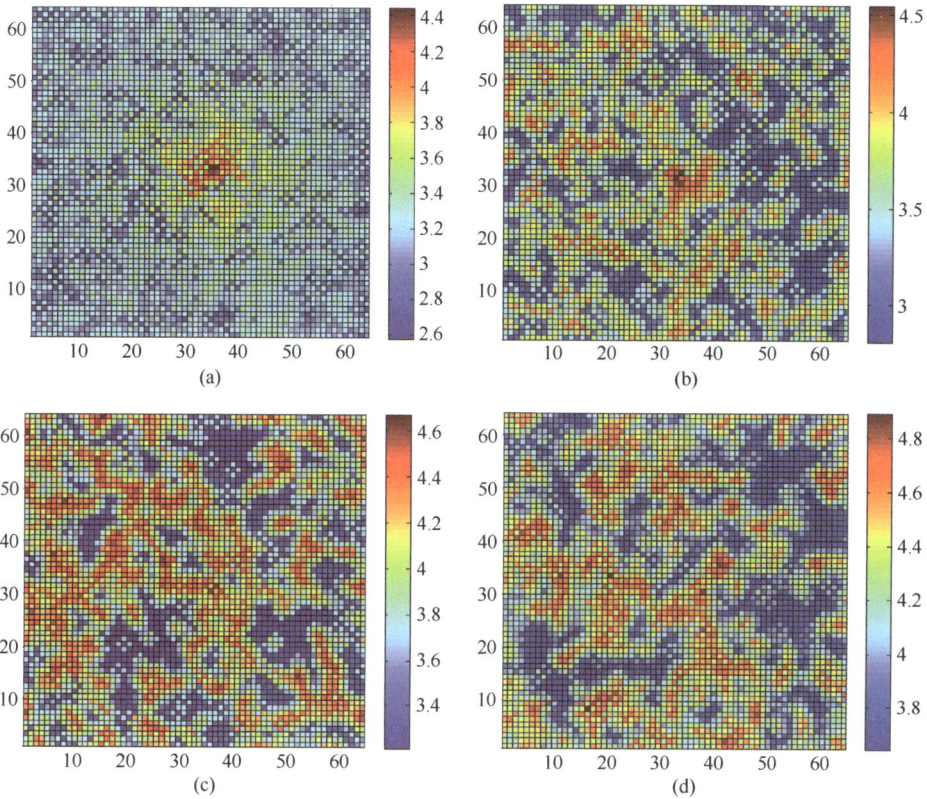

图 4.5 情况二条件下不同循环次数下的房价分布

平等程度，如公式（4.6）所示。

$$\text{Gini} = 2\sum_N (P_i - P_{i-1})(P_i - \text{Inc}_i)$$

（4.6）

首先将个体所拥有的财富总量（即个体拥有的住房价格 H 和除住房外财富 F 之和）从低到高排序，P_i 代表从第 1 个到第 i 个个体总数占总个体数的百分比；Inc_i 代表从第 1 个到第 i 个个体持有的财富总量占总财富的比率。基尼系数越高、越接近于 1，则代表家庭收入分配越不均匀，贫富差距越大，即经济隔离程度越高；基尼系数越低、越接近于 0，则代表家庭收入分配越均匀，贫富差距越小，即经济隔离程度越低。

计算不同情况下的基尼系数，每种情况取重复 10 次计算后的平均值。

在第一种情况下，初始条件下格子内没有任何个体分布，保持其他变量取值不变，让财富增长率 f 由 0.01 开始增加，每次增加 0.01，直至增加到 0.05，可以观察到循环次数为 100 时基尼系数的变化情况，如图 4.6 所示。

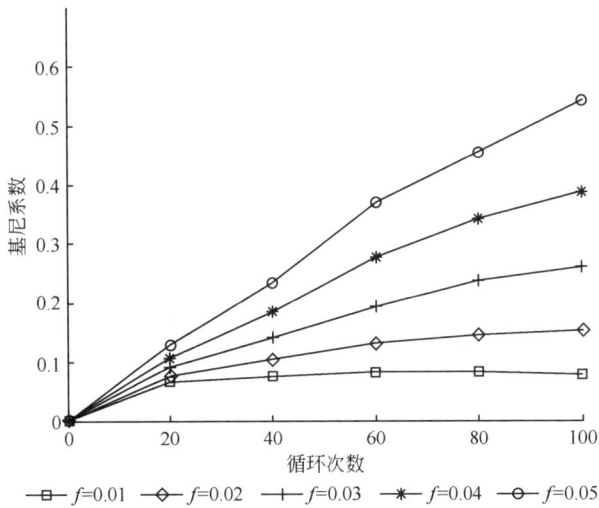

图 4.6　情况一条件下不断改变 f 基尼系数变化情况

从图 4.6 中可以看出，随着循环次数的不断增加，基尼系数呈现不断递增的趋势，即贫富差距不断拉大，经济隔离程度不断加剧；在家庭财富增长率 f 较小的时候，随着循环达到一定次数，基尼系数不再增加，经济隔离不再继续发生，达到了一个较稳定的值；但当 f 较大的时候，基尼系数会持续递增，而且 f 越大，基尼系数越大，即个体财富增长越快，相应的经济隔离越严重；另外，财富增长率越高，曲线斜率也越大，相应的基尼系数增长率也更高，即经济隔离加剧的速率更快。

在第二种情况下，初始图景中有 3/5 的个体覆盖，且 F_0 的分布模拟北京市个体除住房外财富的实际分布，仍旧不断改变财富增长率 f，让其从 0.01 变化到 0.05，每次改变 0.01，可以观察到循环次数为 100 时基尼系数的变化情况，如图 4.7 所示。

从图 4.7 中可以观察到情况二中基尼系数的变化与情况一中的不同：首先由于模拟城市个体实际财富分布情况，经济隔离在初始条件下就是存在的，因此基尼系数在初始时不为零，分布在 0.1～0.2；在 f 较小的时候，图 4.7 中体现为 f 取值为 0.01～0.04 这四种情况，此时随着循环次数的增加，基尼系数初始会不断增大，且增长幅度要比第一种情况更高，但在一定次数的循环过后，基尼系数呈现下降的趋势，经济分离的现象得到缓解；当 f 较大时，如 f 为 0.05 时，随着循环次数的增加，基尼系数持续递增，这表明当经济增长速度过快、个体财富迅速增加时，更容易导致贫富差距的出现，而由于市场的作用力，拥有高财富量的个体加速向高房价区聚集，又进一步推高了住房价格，并加剧了经济隔离程度。综合以上两种情况下的分析，可以看出家庭财富增长率 f 是影响基尼系数变化情况的重要因素。

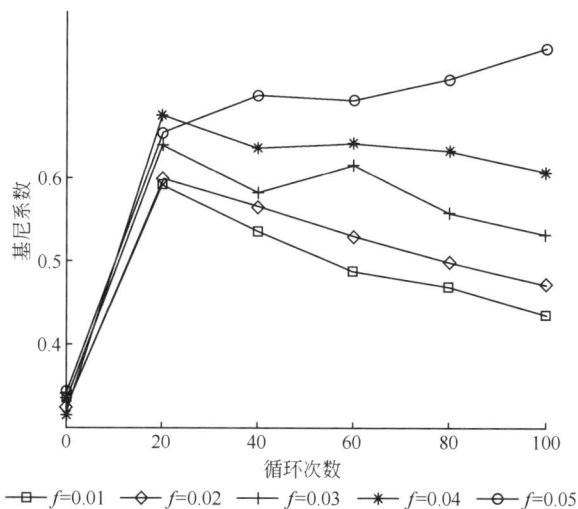

图 4.7 情况二条件下不断改变 f 基尼系数变化情况

另外，本书还考虑个体迁入率 p_i 对经济隔离程度的影响。在情况一条件下，保持其他变量取值不发生变化，不断改变 p_i，令 p_i 的取值从 0.01 开始，每次增加 0.01，直至增加到 0.05，相应基尼系数的变化如图 4.8 中所示。

从图 4.8 可以观察到，随着循环次数的增加，基尼系数仍旧呈现不断递增的趋势，且 p_i 越大，基尼系数越大，但和图 4.6 相比，在改变相同幅度时，由 p_i 改变引起的基尼系数增长没有因改变 f 引起的基尼系数增长幅度大，从而得出结论，f 对基尼系数的影响要明显高于 p_i 对基尼系数的影响，但 p_i 对基尼系数产生一个正向影响，即个体迁入率越高，经济隔离程度越严重。也就是说，人口迁入率高的大城市更容易出现经济隔离现象。

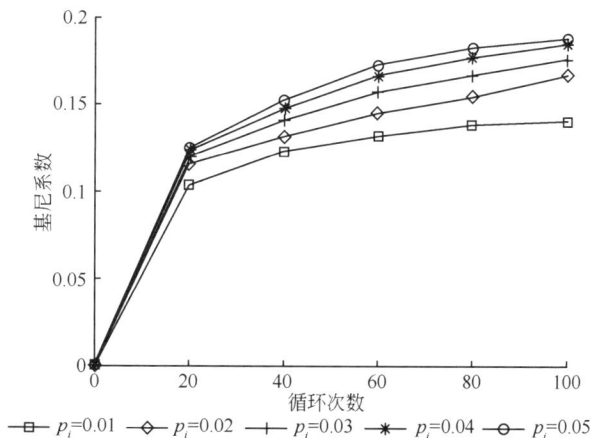

图 4.8 情况一条件下不断改变 p_i 基尼系数变化情况

第三节　我国发展混合收入社区的政策建议

本书仅考虑了在市场力作用下住房市场的动态变化趋势，而如果实施与市场力相同方向的公共住房政策，即人为使特定收入家庭（如低收入家庭）聚居在一起，必定将加剧城市内部的经济分割状况。根据文献回顾，收入不平等、住房市场的居住分类和"贫困家庭优先"的公共住房分配政策在未来将导致城市内部出现经济分割现象，最富裕的家庭将继续购买和居住在高房价社区，为自我分割支付最高的金额，贫困家庭受到经济条件所限，没有能力搬入"机遇地势"较高的富裕社区居住。国际经验表明，公共住房的集中、成片建设将导致低收入家庭在特定空间的高度聚集，加剧城市的经济分割状况，并且单一的、大规模的公共住房社区在发展到一定年限之后会引发很多社会问题，如高贫困率、高失业率、受教育程度低、高犯罪率、吸毒、暴力等。

英国和美国在改善贫困公共住房社区的过程中都提出"发展混合收入社区"的理念。20世纪90年代以来，澳大利亚、瑞典、加拿大和荷兰等国也都先后提出了混合收入社区的发展计划，旨在促进经济融合、减少贫困、增强社会流动性、降低经济分割程度、为低收入家庭提供更多好的机会。"混合收入社区"作为一种可持续发展的理念，值得我国学习和借鉴。

基于本章的分析，我们建议，我国在新一阶段住房市场的发展过程中，应该坚持以科学发展观为指导，提倡"混合收入社区"的可持续发展理念，提前对各类新增住房的布局做好规划，防范不合理规划在长期可能对城市发展造成的不良影响。政策在实施过程中应该注意以下几点。

一是在新社区保证混合收入居住，不再提倡大规模、单一类型的公共租赁住房（尤其廉租房）社区建设。 在经济适用住房、限价房和普通商品住房项目中配建一定比例的公共租赁住房，并且保证公租房与同一小区中其他类型住房的设计风格一致，不应在外观上有所差别。对于高档住房社区，开发商可以按市场价格出资，委托政府在别处"代建"本应"配建"的保障房。

二是注重在混合收入社区中经济混合的合理程度。 美国的经验表明，如果公共补贴住房和市场化住房家庭的收入差距过大，只会加剧混合收入社区的紧张，降低社区的凝聚力。因此，在混合收入社区中，应该考虑引入中等收入家庭，与两极收入者没有显著的差距，避免收入相差悬殊引起新的社会问题。

三是对于已建成的保障性住房社区，应加强入住后的管理。 地方住房管理部门应组织完善现有保障性住房小区的配套建设，了解社区中低收入家庭的特征，如残疾、有犯罪史、零就业、单亲家庭、空巢的老年家庭等，有针对性地提供医疗服务、就业培训及就业机会、心理咨询等。

四是对公共租赁住房的财政补贴逐步由"补砖头"过渡为"补人头"。"补人头"主要是补"租金差","租金差"为家庭收入的一定比例与公共租赁住房租金之间的差。通过发放住房选择代金券鼓励中低收入家庭到市场上租房,分散中低收入家庭的居住地,提倡混合收入居住,避免城市中低收入家庭在某一地区的过度集中及可能导致的"贫民窟"现象。

本 章 小 结

本章设计了 agent-based model 的动态运行机制,通过仿真模拟观察个体间出现的不同程度的居住空间隔离现象,以基尼系数作为衡量城市空间内贫富差距的标准,以空间差异指数作为经济分割的度量指标。研究表明,居民对居住地的选择偏好,最终会使城市内部出现不同收入群体在空间上的隔离,并进一步拉大贫富差距,形成空间上的经济分割。

从客观情况推断,收入不平等、住房市场的居住分类和"贫困家庭优先"的公共住房分配政策在未来将导致更大程度的、城市内部的经济分割。经济分割是可预测未来的居民情况的一部分,最富裕的家庭将继续为自我分割支付最高的金额,贫困家庭受到经济条件限制,没有能力搬入"机遇地势"较高的富裕社区居住。

英国和美国在改善贫困公共住房社区的过程中都提出"发展混合收入社区"的理念,值得我国学习和借鉴。基于本章的分析,我们建议,提倡"混合收入社区"的可持续发展理念,避免公共住房社区在未来沦为贫民窟,要注意以下四点:一是在新社区保证混合收入居住,不再提倡大规模、单一类型的公共租赁住房(尤其是廉租房)社区建设;二是注重在混合收入社区中经济混合的合理程度;三是对于已建成的保障性住房社区,应加强入住后的管理;四是对公共租赁住房的财政补贴逐步由"补砖头"过渡为"补人头"。

第五章 中国公共租赁住房的融资现状

发展公共租赁住房既可以解决中低收入家庭的居住需求，同时相对于经济适用房又可以减少在保障房分配过程中的寻租行为，逐渐地，各方对公租房在我国住房保障体系中的重要地位已形成共识。近年来，公租房的融资问题业已成为国内各级政府关注的重点，因为资金问题决定公共住房政策能否顺利落实。本章将重点对公租房融资模式进行文献综述，并分层次概括我国公租房的融资现状。

第一节 中国公共住房融资模式的文献综述

相对于公共租赁住房，廉租住房在国内发展的时间较早，本书在这部分分别总结了专家学者对国内廉租住房和公共租赁住房融资问题的研究文献和关于公共住房融资模式的建议。

一、中国廉租住房融资模式的文献综述

国内对租赁型保障房融资的研究时间较短。巴曙松（2006a，2006b）指出，廉租住房建设作为调整住房结构的重要举措，首先需要满足其融资需求。从现实情况看，廉租房的融资方式单一以及融资渠道不畅已成为我国廉租住房制度建设在金融方面的瓶颈，需要根据廉租房的运行特征，采取多元化的融资创新渠道来满足其融资需求，尤其是应重视吸引民间资金，促进廉租房融资市场化。针对廉租房的建设资金供给渠道狭窄、无法保证的现状，郭建鸾（2008）、成楠和梅昀（2010）认为可以采用BOT（build- operate- transfer，建设-经营-转让）、PPP（public- private- partnership，公私合作模式）以及房地产信托等创新融资模式进行廉租房建设，进一步拓宽融资渠道。

全国工商联房地产商会会长聂梅生（2006）认为，用信托为廉租房提供资金是多赢的模式，对政府而言，可以用少量的资金启动廉租房，减少压力；对广大投资者而言，廉租房信托为他们提供了一个风险小、收益稳定的投资品种；对银行而言，可以缓解风险；对公民而言，可以得到住房保障，抑制房价。董藩和文伟（2010）针对资金来源成为廉租房制度实施的瓶颈问题，运用层次分析法（AHP），分析了创立房地产信托基金、扩大住房公积金规模、征收住房保障税三大廉租房融资模式，分析得到，创立房地产信托基金是廉租房融资的首选模式，扩大住房公积金规模次之。张巍和杨莹（2010）借鉴国外运用REITs（real estate investment trusts，房地产投资信托基金）为廉租房融资的经验，结合我国法律背景和市场情况，提出我国廉租房建设融资模式，如图5.1所示。

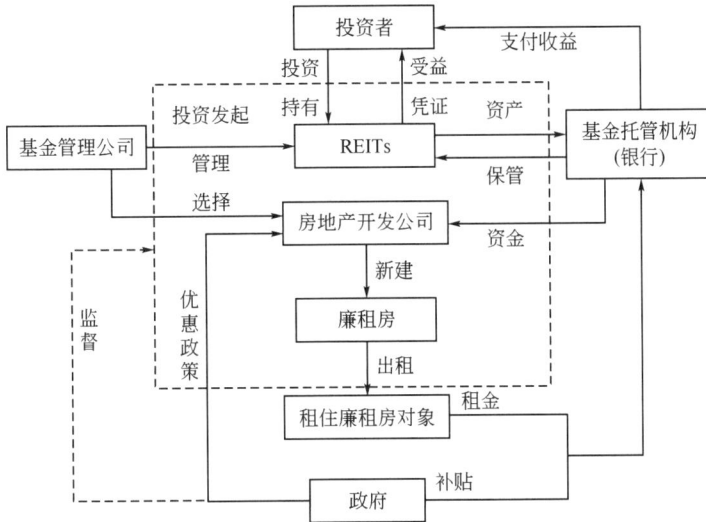

图 5.1 新建廉租房的 REITs 融资模式图

资料来源：张巍和杨莹，2010

董宇辉（2010）探讨在廉租房项目中应用资产支持证券（asset backed security，ABS）融资模式，提出廉租房项目资产证券化的基本运作程序和基本模式，如图5.2 所示。利用资产支持证券为廉租房解决短期资金需求的方式是可行的，但是ABS 融资对于政府或地方债务融资平台来说仍然是负债，如果期限较短，还是无法解决租赁型保障房的长期资金需求。

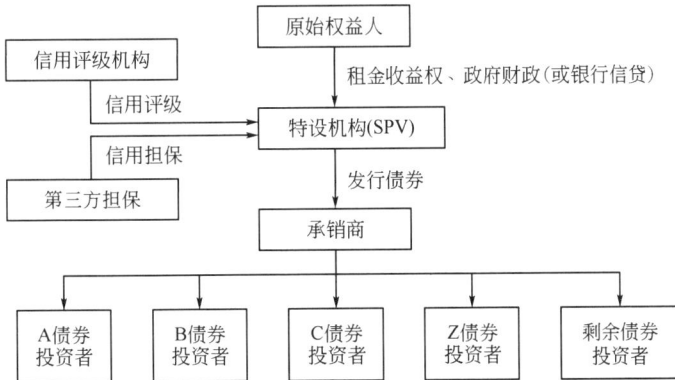

图 5.2 资产证券化结构图

资料来源：董宇辉，2010

王乾坤和王淑嫱（2007）针对现阶段我国廉租住房建设资金短缺的问题，提出将PPP模式引入廉租房建设中，并设计了PPP模式在廉租房项目中的运作思路，以期解决廉租房项目资金短缺、融资渠道单一的问题。李倩倩（2009）提出，将PPP模式引入我国廉租住房建设中，由政府提供土地、税收等优惠政策，鼓励私人开发商投资廉租住房建设开发项目。由于廉租住房PPP项目中存在着大量的风险因素，如何将这些风险合理地分配到政府部门和私人企业，实现项目的最大资金价值，成为项目成功需要解决的关键问题。胡金星和卢雅（2009）从政府定位、市场调研体系、公积金制度、资本融资平台、保障手段、法律法规制度等方面提出我国廉租房融资的建议。

二、我国公共租赁住房融资模式的文献综述

随着夹心层的住房问题逐渐受到关注，建设部副部长齐骥（2011）指出，公共租赁住房的投资建设将采取政府主导、社会参与的模式，国家制定了相应的优惠政策，鼓励更多的企业参与公共租赁住房的建设和运营。自2010年以来，我国学者从税收政策、金融政策等角度研究公共租赁住房融资模式。宋祥来（2011）从减税的角度建议对公租房的承租人免征房地产税；对经营公租房业务的主体，其居住用房作为公租房使用并经备案的，免征房地产税。但是公开发表的文章多数是探讨如何吸引社会资本参与公租房的投资建设管理，包括利用REITs、BOT、公积金、资产证券化、小产权房等多种方式解决公租房的资金和房源筹集问题。

杨绍萍（2010）提出，运用REITs模式建设公共租赁住房的原则是政府主导、市场化运作，具体思路是：政府划定土地，招标建设公共租赁住房，专业机构以REITs的模式运作。韩函（2011）分析租赁型保障房的建设情况和所遇困境，结合国外发达国家的保障房建设经验，提出用房产税和REITs等为公租房融资。冯志艳（2011）论证了在公租房建设中引入REITs模式的必要性和可行性，并提出公租房项目的REITs运作模式，公租房REITs由某些资产机构作为发起人，委托房地产企业新建或收购适宜物业组成资产池，其租金收入加政府补贴扣除各种费用后，作为投资收益支付给基金单位持有人，如图5.3所示。张桂玲（2012）构建了公租房房地产信托投资基金融资模式，如图5.4所示，并提出发展公租房房地产信托投资基金的相关建议。

BOT是指政府通过契约授予私营企业（包括外国企业）一定期限的特许专营权，许可其融资建设和经营特定的公用基础设施，并准许其通过向用户收取费用或出售产品以清偿贷款，回收投资并赚取利润；特许权期限届满时，该基础设施无偿移交给政府。张宇新和刘伟（2007）指出，BOT模式主要是用于政府筹措基本建设资金，可用于政府解决弱势群体的住房问题。李德正（2010）从公租房的性质、国家政策、市场经济的需求、我国的国情等方面出发，分析利用BOT融资

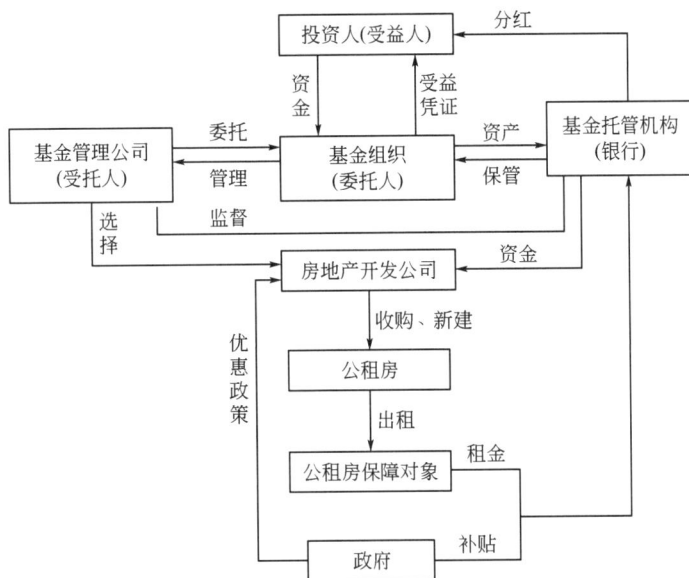

图 5.3　公租房 REITs 运作流程

资料来源：冯志艳，2011

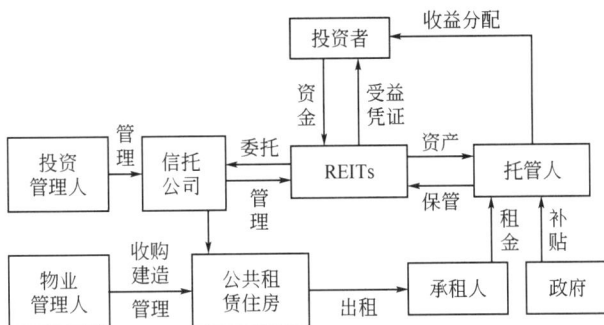

图 5.4　公共租赁住房 REITs 融资示意图

资料来源：张桂玲，2012

方式建设公共租赁住房的可行性，提出引进 BOT 融资方式、吸引民间资本进入公共租赁住房建设。王琨（2012）对比"集中建设并持有、配建并持有、集中建设并由政府回购、配建并由政府回购、配建并无偿移交"等五种公租房建设的企业参与模式，认为成本上升、投资回报低、融资渠道不畅等因素加剧了企业的融资压力，配套政策的匮乏降低了企业参建公租房的积极性。张日芬（2012）在原 PPP（公私合作）融资模式的基础上扩展开来，提出以中间组织为枢纽的新公私合作模式，即 PIPP（政府部门-中间组织-私人机构）模式，探讨了 PIPP 模式在重庆市公租房保障体系中的应用。

　　还有些关于公租房其他融资模式的探讨。田浩（2010）探讨了利用住房公积金建设公共租赁住房的三大基本原则及公共租赁住房建设及管理运作模式，建议租赁房建设及管理采取管委会决策、公积金中心管理、专门机构运作、资金封闭管理的运作模式。苏勇和黄志勇（2011）针对小产权房制度定位的缺失、住房保障制度的不足及缺陷，提出了小产权房向保障性住房的转化路径。韩林（2011）探讨利用 ABS 为公租房建设融资的可行性，项目发起人将缺乏流动性并在未来能产生稳定现金流的公租房资产，打包成资产池出售给 SPV，SPV 作为专门机构负责证券化操作，SPV 将已经进行信用评级的资产支持证券交给发行机构向投资者出售。张鹏（2012）在"2012 年 8 月首批资产支持票据成功发行"后，提出用公租房支持票据为公租房融资，并建议借鉴国际经验，在一定年限后对公租房进行出售，保证公租房支持票据的收益性和本金安全性。公租房支持票据是一种依托债券市场的标准化证券，其流动性比一般的收益凭证更高，管理费用方面也有明显的优势。

　　试点用某一种方式为公租房融资并不难，因为任何一种融资方式都有其优点，有的在其他国家已经实践过，有的在国内某些公租房或其他基础设施建设时采用过，但是如果大面积推广，还需慎重，要充分考虑到公租房资产的特殊性。第一，公租房的融资方式应是长期融资，目前在银行间交易商协会交易的资产支持票据主要是中短期债券，无法满足公租房资金回收期较长的特点。第二，一些学者提到将小产权房转为公租房，也是不适合的，因为目前小产权房的法律地位尚未明确，"城市居民购买集体土地上建设的住房"仍然无法获得房屋产权，这种产权不明晰的住房，还是应在产权地位确定后再考虑其他的用途。第三，目前地方政府在修路建桥时会考虑采用 BOT 方式，公租房融资时也可考虑，但是如果政府完全将项目交给私营企业，公租房后期的管理可能会跟不上，并且，从金融市场融资比 BOT 融资的资金来源要丰富得多，因此我们还是尽量考虑是否能够从金融市场获得资金支持。第四，相对来说，REITs 更适合为公租房融资，符合公租房长期融资的特点。既然公租房建设将成为国家长期的民生工程，如何保证公租房的租金稳定，使 REITs 投资者能够获得长期、稳定的较高收益，美国对 REITs 有免税的支持政策，但目前国内没有。在这种情况下，如何使 REITs 投资具有吸引力、使 REITs 市场具有较好的流动性，是我们应该考虑的问题。

第二节　中国公共租赁住房的主要资金来源

　　2010 年 10 月，财政部、国家发改委、住房城乡建设部三部委联合出台《关于保障性安居工程资金使用管理有关问题的通知》，允许土地出让净收益、允许住房公积金增值收益中计提的廉租住房保障资金用于发展公租房，利用贷款贴息引导社会发展公租房。2012 年 2 月 6 日，财政部网站发布的《关于切实做好 2012 年保障性安居工程财政资金安排等相关工作的通知》中提到，从财政预算专项支持、政府可支配的其他收入、贷款和发债、社会投资及政府继续提供廉价土地和税费优惠等方面为保障房建设提供支持，并支持成立负责保障房建设、运营、管理的专门企业。

目前，我国公共租赁住房最主要有四个资金来源。

一、政府财政资金

政府财政资金包括中央财政补贴和地方财政支出（含土地净收益的 10%），具体使用方式是直接投资、资金注入、投资补助、贷款利息等。2008 年国务院政府工作报告中第一次对住房保障投入（尤其廉租房投入）有所承诺，当年实际投入 354 亿元。2009 年国务院政府工作报告指出：今年中央财政拟安排保障性安居工程资金 493 亿元，加大对廉租房建设和棚户区改造的投资支持力度。2010 年国务院政府工作报告指出，继续大规模实施保障性安居工程，中央财政拟安排保障性住房专项补助资金 632 亿元。

2011 年 6 月 30 日，北京市保障性住房建设投资中心成立，负责市级统筹公共租赁住房项目的融资、建设收购和运营管理，收购其他社会单位建设的公共租赁住房项目。市保障性住房建设投资中心的注册资本金 100 亿元，全部由市财政以货币形式一次性完成注资①。

上海市政府财政向公租房运营机构提供资本金和贷款贴息。2011 年和 2012 年，按照市区两级政府 1 : 2 的出资比例，向各区县公租房运营机构注入资本金，用于项目建设。截至 2012 年上半年，上海市已有 12 个区组建了 14 家区级公租房运营机构。考虑到公租房运营机构租金收入难以完全覆盖运营成本和贷款利息支出，又规定市区两级政府财政各自承担 50%，对公租房项目予以贴息支持②。

重庆市计划从 2010 年起 3 年内建造 4000 万平方米公租房，总投资约 1200 亿元，其中约 300 亿元建设资金通过中央专项资金、市财政年度预算资金、土地出让收益和对高端商品房征收房产税等方式募集，约 700 亿元建设资金通过向金融机构、公积金贷款和发行债券募集。由于公租房用地以划拨方式供应，减免土地出让金，加上免征城镇土地使用税、土地增值税，免征城市建设配套费等行政事业性收费和政府性基金，可直接减少一半的资金投入③。

同时，公租房建设可享受到税收优惠政策支持。2010 年 9 月，《财政部国家税务总局关于支持公共租赁住房建设和运营有关税收优惠政策的通知》（财税

---

① 参见北京市保障性住房建设投资中心网站（www.bphc.cn）。
② 参见《上海保障性住房建设提速开工率为 50.17%》（青年报，2011-08-02）。
③ 参见《60 亿债券有望年内发行吸引资本投资重庆公租房》（重庆商报，2011-06-23）。

〔2010〕88 号）规定，对公租房建设用地及公租房建成后占地免征城镇土地使用税；对公租房经营管理单位建造公租房涉及的印花税予以免征；对公租房经营管理单位购买住房作为公租房，免征契税、印花税；对公租房租赁双方签订租赁协议涉及的印花税予以免征；对经营公租房所取得的租金收入，免征营业税、房产税。

2014 年 12 月，财政部下发《城镇保障性安居工程贷款贴息办法》，补贴资金主要来源于各级财政预算中用于城市棚户区改造、公共租赁住房的资金，对符合条件的城市棚户区改造项目、公共租赁住房项目贷款予以一定比例和一定期限的利息补贴。

二、土地出让金净收益

中央政府规定，各地按照当年实际缴入国库的招标、拍卖、挂牌和协议出让国有土地使用权取得的土地出让收入，扣除相关规定项目后，严格按照不低于 10%的比例安排资金，统筹用于保障性安居工程建设。2010 年全国国有土地使用权出让收入 29 109.94 亿元，同比增加 70.4%，其中，全国廉租住房保障支出仅占当年土地出让总收入的 1.59%，包括北京、上海、重庆等 22 个城市从土地出让净收益中提取保障性住房资金的比例未达 10%的基本要求（刘展超，2011）。

2011 年"限购"政策实施后，房地产市场调控形势严峻，土地出让金减少，而且还时常出现土地流拍的现象，地方政府的土地使用权出让金收入受到严重影响。据 WIND 的相关数据，2012 年，土地使用权出让收入预算为 27 010.66 亿元，比 2011 年下降 18.6%。尤其是一些中西部城市相对于东部沿海城市的土地出让金收入较少，土地出让金净收入的 10%不足以支持公共租赁住房的建设和发展。

三、银行贷款

近年来，各大商业银行都为保障性住房建设提供了一定数量的贷款。2010 年，中国工商银行累计发放保障性住房开发贷款 94.15 亿元，保障性住房贷款涉及 23 个省市的 67 个保障性居住项目，支持了 30 多万套保障性住房建设[1]。2011～2013 年 6 月，中国工商银行通过发放贷款和承销保障性住房私募债等多种方式，累计向保障性住房建设提供了超过 750 亿元的资金支持[2]。中国建设银行与德国施威比豪尔住房储蓄银行共同投资建立了专业从事住房储蓄业务的中德住房储蓄银

---

[1] 参考《五大银行承诺加大保障房建设支持力度》（《新世纪》财新网，2011-01-12）。

[2] 参考《工行累计提供 750 亿元支持保障性住房建设》（《金融时报》，2013-06-27）。

行，截至 2013 年二季度末，仅建行北京市分行用于支持保障性住房项目建设的贷款余额就达到 52.38 亿元，涵盖了定向安置房项目、经济适用房项目、棚户区改造项目、限价房项目和公共租赁住房项目在内的所有类型的保障性住房。建行与成都市住房储备中心等保障性住房开发机构签订经济适用房项目合作协议 200 余个，累计向 13 300 个家庭投放自营性个人住房贷款 17.4 亿元[①]。交通银行 2010年批准保障性住房建设开发贷款 308 亿元，年末余额 173.5 亿元，较年初增长123%，支持了 91 个保障性住房建设项目。中国银行在北京、河南等地试点开展连接住房和城乡建设部、公积金中心的保障性住房建设贷款业务，以北京市为例，中行北京分行 2010 年保障性住房贷款总额 30.06 亿元，支持北辰、保利等房地产开发企业建设了回龙观等多个经济适用房项目建设。2008～2010 年，中国农业银行累计发放各类保障性住房贷款 126 亿元，支持项目 160 余个。2011 年，国家开发银行安排保障性住房新增贷款 1000 亿元，为保障性住房建设提供资金支持。2011 年，北京市保障性住房建设投资中心成立，国家开发银行同意为该平台提供期限为 30 年的长期贷款，建设银行北京分行也可以提供 15 年的长期贷款（耿博文，2011）。

商业银行和政策性银行也有专项投资公租房建设的贷款。2012 年 7 月，北京市保障性住房建设投资中心向中国银行北京分行借款 1.1 亿元收购丰台区彩虹家园的数百套公租房；从中国农业银行获得 6 亿元的长期贷款，为京原路 7号的公租房项目融资；苏家坨 C02 地块、远洋沁山水、建工双合家园三个公共租赁住房项目分别获得农村商业银行、建设银行、工商银行 15 年期贷款，累计贷款金额 4.58 亿元[②]。银行贷款要求项目具有安全性和收益性，国家开发银行和浦发银行为上海市的公租房项目提供贷款，要求公租房项目中配建一定比例的商业设施或提高可出售商业项目比例，拓宽项目的还款来源。在贷款期限上，浦发银行为公租房项目安排了 3 年宽限期，宽限期无需还款，项目的贷款期限被控制在 15 年[③]。

2012 年 2 月 6 日，财政部《关于切实做好 2012 年保障性安居工程财政资金安排等相关工作的通知》中提到，各地对商业银行发放的公共租赁住房建设贷款可以按规定予以贴息，贴息幅度可按 2 个百分点左右掌握，贴息期限以贷款期限确定，原则上不超过 15 年，具体贴息政策由市、县人民政府确定。但是公租房的租金回收期未必小于 15 年，根据实际租金回收测算，也许 20～30 年才能回收期初投资，财政部确定 15 年的贷款期限缺乏科学依据，可能会使正常 20 余年才能收回投资的公租房项目无法获得贷款。

---

① 参考《中国建设银行发力保障房建设帮助中低收入居民实现"安居梦"》（《中国证券报》，2013-12-12）。

② 数据来源：北京市保障性住房建设投资中心官方网站（www.bphc.cn）。

③ 参考《上海全力保障公租房开发贷款》（解放日报，2012-09-18）。

四、住房公积金

2009 年 10 月，住房城乡建设部等七部门联合发出《关于利用住房公积金贷款支持保障性住房建设试点工作的实施意见》（建金〔2009〕160 号），强调在优先保证职工提取和个人住房贷款、留足备付准备金的前提下，可将 50%以内的住房公积金结余资金贷款支持保障性住房建设，贷款利率按照 5 年期以上个人住房公积金贷款利率上浮 10%执行；利用住房公积金闲置资金发放的保障性住房建设贷款，必须定向用于经济适用住房、列入保障性住房规划的城市棚户区改造项目安置用房、特大城市政府投资的公共租赁住房建设。全国共有项目贷款试点城市 93 个，试点项目 439 个，贷款额度 1248.03 亿元。

2010 年 8 月，住建部等七部委确定北京、天津、重庆等 28 个城市为利用住房公积金贷款支持保障性住房建设试点城市，贷款额度约 493 亿元。上海市从 2007 年起利用公积金增值收益，从市级配套商品房中收储房源用于廉租房实物配租。2012 年 5 月，上海市公积金管理中心从增值收益中出资约 15 亿元，收购了新江湾"尚景园"项目 15 万平方米、2202 套住房[①]，用作公租房，产权归属公积金中心，并委托专业运营机构开展租赁管理。2012 年，大连市住房公积金管理中心向泉水公租房 B 区提供贷款并直接承建，负责租后管理，拥有全部产权[②]。2013 年，《大连市住房公积金提取管理办法实施细则》增加了租住公租房允许提取住房公积金的情形，规定符合条件的公租房租住职工可以申请提取住房公积金，用于支付公租房租金。2013 年 4 月，武汉市公积金中心宣布，该中心将参与本地公租房建设，建成的"公积金公租房"由公积金中心筹资买地、建设，并负责日常运营管理，"公积金公租房"主要租赁给本地公积金缴存职工，租户还可以公积金冲抵房租，且不影响购房时使用公积金贷款[③]。

《全国住房公积金 2014 年年度报告》显示，截至 2014 年年末，累计发放试点项目贷款 775.80 亿元。其中，经济适用住房 209.60 亿元，棚户区改造安置用房 313.21 亿元，公共租赁住房 252.99 亿元。累计收回项目贷款本金 324.94 亿元，项目贷款余额 450.86 亿元。104 个试点项目的贷款本息已结清。

第三节　中国公共租赁住房的其他筹集方式

除了以上四种主要的公租房融资渠道外，中央有关部委和各地方政府都在积极动员社会资金参与公租房建设，创新公租房的筹集方式，也就是说，在政府统

---

① 参考《上海求解保障房资金困局》（21 世纪经济报，2012-09-19）。

② 参考《大连首创"住房公积金建公租房"模式》（光明日报，2012-07-12）。

③ 参考《武汉公积金将参建公租房》（人民日报，2013-04-15）。

筹统建以外，还可以通过其他创新方式来筹集房源。

一、单位自筹建设模式

单位自筹建设模式是由企事业单位利用自有存量建设用地或与拥有存量建设用地的单位合作建设公租房，即由企事业单位建，由政府管，优先租给本单位职工。在1998年中国城镇住房制度改革之前的很长一段时间，我国多数企事业单位、部队都实行这种方式，单位自行筹集资金建房，员工每月只需缴纳较低的租金，就是现在所说的"公共租赁住房"。

建设部副部长齐骥（2011）指出，在一些用工比较集中的开发区、产业园区，以及一些用工比较集中的大企业，可以由政府划拨土地，由企业出资建设，首先满足自己企业职工公租房的需求，同时也可以向社会提供公共租赁住房的房源①。目前，部分劳动密集型企业已经自建了一些公租房，资金由政府补贴一部分，其他资金由企业自筹。例如，我们调研时看到的富士康武汉园区和辽化公司都将自建的公租房出租给公司内部的职工。

2011年5月，厦门市出台《关于进一步加快公共租赁住房建设的实施意见》，允许单位利用自用土地、自筹资金建设公共租赁住房。浙江省鼓励大中型企事业单位、开发区以及产业园区参与公租房建设，公租房产权和经营权归投资人所有，用于解决企业职工或者是全市中等偏下收入家庭的住房困难。位于杭州九堡的"江干科技经济园创业人才和外来务工人员公寓"可以提供700多套房，由浙江民营企业西子联合控股有限公司投资建设②。2012年2月，《广东省住房保障制度改革创新方案》提到6种创新建设模式，其中，"产业园区集中配建模式"与单位自筹建设模式类似，主要在外来务工人员集中的开发区、产业园区等，由政府投资建房。天津市鼓励外来务工人员集中的开发区、产业园区，集中建设单元型或宿舍型公租房，面向用工单位或园区就业人员出租。

二、开发项目配建模式

开发项目配建模式是指在新建普通商品住房或进行"三旧"（旧城镇、旧厂房、旧村庄）改造时，配建一定比例的公租房。北京市自2006年开始在两限房（限价格、限户型）、经济适用住房社区中配建一定比例的廉租住房，如表5.1所示。2010年以来，北京市在远洋沁山水、金隅观澜时代、金隅美和园、龙湖塘宁ONE等位置较好的以商品房、两限房为主的社区中都配建了一定比例的公租房或廉租房。

---

① 参考《齐骥：今年建公共租赁住房近220万套有三种模式》（财经网，2011-03-09）。
② 参考《浙江允许企业土地转性建设公租房民资嗅到商机》（腾讯网，2010-08-27）。

表 5.1　北京市廉租住房配建情况

项目名称	规划建筑面积/万米²	配建廉租房面积/万米²	销售限价/(元/米²)	开发商
海淀西三旗两限房	48.8	1.95	6350	北京住总集团
丰台花乡造甲村	22	1.05	6800	北京宏基实业房地产开发有限公司
石景山金顶街三区	42.7	1.9	6250	北京首钢房地产开发有限公司
丰台区东铁匠营红狮涂料厂	18.4	0.8	6200	北京万科企业有限公司
海淀区清河小营	14.2	0.65	6600	金隅嘉业
朝阳区常营 A 组团	39.1	1.51	5900	北京北辰实业股份有限公司
朝阳区常营 B1 组团	36.9	1.742	5900	保利地产（集团）股份有限公司
朝阳区常营 B2 组团	25.1	1.215	5900	广州富力地产股份有限公司

资料来源：闫妍，2008

2010 年 9 月，《财政部国家税务总局关于支持公共租赁住房建设和运营有关税收优惠政策的通知》（财税〔2010〕88 号）规定，在其他住房项目中配套建设公租房，依据政府部门出具的相关材料，可按公租房建筑面积占总建筑面积的比例免征建造、管理公租房涉及的城镇土地使用税。目前，越来越多的地方开始采用行政手段，强制要求开发商在新建住宅中配建一定比例的保障房，最终由政府以成本价回购。2011 年 3 月以来，北京、上海、广州、杭州、郑州、济南、青海、山东、湖南等相继出台商品住房项目配建保障性住房实施办法，保障房占商品房的配建比例一般为 5%～10%。

三、利用集体建设用地建设模式

利用集体建设用地建设模式是指在符合条件的地区开展利用集体建设用地建设公租房试点。例如，上海市闵行七宝联明村全体村民集资建设了联明雅苑总建筑面积 2.6 万平方米的租赁房，提供房源 400 余套[①]，村民每年可从租金收入中获得高于银行贷款利率的收益分红。《广东省住房保障制度改革创新方案》允许"在符合条件的地区开展利用集体建设用地建设公租房试点。公租房建成后可向符合住房保障条件的对象出租，也可由政府或企事业单位整体承租后再向符合住房保障条件的对象出租。利用农村集体建设用地建设的公租房应当整体确权，不得分拆确权"。

---

① 参考《上海公租房市场政府与企业齐开发 七渠道筹措资金》（新闻晨报，2011-06-10）。

四、公租房社区配建商业用房模式

为了弥补公租房建设和运营维护资金的不足，提高公租房项目整体的预期收益，争取外部的资金支持，北京、上海、天津、青岛、石家庄等城市允许集中建设的公共租赁住房项目可配建一定比例的商业经营性用房用于出租出售，营业收入用于弥补公共租赁住房建设和运营成本。北京市的公租房小区最多可以配建45%的商业配套及商品房，以降低建设成本①。

另外，重庆市创新了公租房的"八大投"模式，政府向"八大投"注入储备土地，"八大投"以储备土地作抵押向银行贷款，随着土地的市场增值，"八大投"用在市场上拍卖赚到的钱偿还银行贷款，继续承担公共设施建设。重庆市公租房承建单位之一——地产集团，脱胎于重庆市土地整理储备中心。地产集团通过中央和地方的各项财政专项补贴资金（如每年土地出让收益的5%用于公租房建设），解决约30%的成本；利用政府注入的土地资产存量和国有企业自身的信用去融资，解决大部分公租房建设费用；通过公租房建成后的租金收益覆盖银行的贷款利息，实现现金流平衡；每个公租房项目中大致都会配有10%的商业设施，这部分物业可租可售，可以回收至少 1/5 的总投入；最后，从长远看，公租房作为集团持有的资产会不断升值，将降低公司的资产负债率，放大其融资能力（王玉光，2011）。

第四节　中国公共租赁住房融资的金融手段

目前，我国为公租房融资的金融手段主要有以下几种形式。

一、试点利用 REITs 为公共租赁住房融资

2010 年 10 月，国务院批准北京、上海、天津三城市为房地产信托投资基金（REITs）试点城市。

从结构看，北京市试点为公租房融资的 REITs 是权益型 REITs。2012 年 8 月，北京已将朝阳区的 5 个公租房项目打包，申请试点发行 REIT，REIT 初始资产池包括朝阳区的 5 个公租房项目，其中 2 个位于东坝，另外 3 个位于北苑，共涉及2000～3000 套房源，目前所涉房源都已经建设完成，部分进入配租阶段。本次REIT 试点发行，分为私募和公募两个阶段②。

（1）私募阶段。根据国内现行法律规定，基金公司尚不能够直接从事股权投资。因此，在私募阶段，将主要由国投瑞银的外方股东——瑞银环球中国有限公

---

① 参考《公租房配建商品房拟放宽比例最多配 45%商业配套及商品房》（京华时报，2012-08-08）。
② 参考《京版 REITs 呼之欲出》（地产，2012-10-01）。

司（简称"瑞银环球"）作为基金的发起人，而国投瑞银则作为瑞银环球的财务顾问参与其中，国投瑞银是国家开发投资公司和瑞银集团各自持股 50% 的合资公司。

在私募阶段，瑞银环球是 GP，发起一支总规模为 5 亿～10 亿元人民币的私募基金。LP 主要为国内的养老基金和几大保险公司。此外，朝阳区保障房运营中心也作为 LP，认购至少 50% 的基金份额。

（2）公募阶段。当该资产包培育成熟、达到上市标准以后，进入公募阶段。国投瑞银作为发起人，成立一支公募基金，从瑞银环球手中将该资产包购买过来；瑞银环球旗下的私募基金退出并实现盈利，此后仅担任国投瑞银的财务顾问。国投瑞银将该公募基金进行 IPO 公开上市，实现资产证券化。预计，IPO 将在 2013 年下半年启动，募资规模将达到 30 亿～50 亿元人民币。

完成 IPO 上市之后，国投瑞银还将继续担任该支 REIT 的资本管理公司，负责相应的派息分红、物业收购和股份增发工作。而这支 REIT 将专注于投资北京公租房项目，继续寻找合适的收购目标，不断进行"买楼和增发"。

2010 年 9 月，天津向国务院提交了保障房 REIT 方案，基础资产为天津市房地产开发经营集团有限公司（简称天房集团）持有并管理的 4 万套廉租房，建筑面积 200 余万平方米。天津版 REIT 属于债权型 REIT。天房集团将廉租住房委托给受托人设立房地产投资信托基金，受托人将优先级受益权向银行间债券市场发行受益券，转让给机构投资者，投资者主要是国内的商业银行。受益券发行规模可达信托资产总规模的 80%，约 38 亿元[①]。

天房集团代表政府以实物配租的方式向符合条件的低收入家庭提供房源，拟打包出售的廉租房物业目前周边商品房的租金约为 27 元/平方米左右，廉租房设计成 REITs 产品对外发售时，也以月租金 27 元为基础给投资者计算回报，而廉租房实际收取月租约为每平方米 1.85 元，这意味着，在这款产品中，政府对每平方米廉租房的月租金补贴为 25.15 元[②]。

二、保险资金投资公共租赁住房

保障性住房的投资期限一般比较长，符合保险资金（尤其是寿险资金）期限长的资金特点，可以和保险资金的周期相匹配，有助于实现保险资金的资产负债管理。全国社会保障基金对保障房的投资不超过总投资的 5%。2011 年 2 月，全国社保基金向南京市保障房建设发展有限公司发放了总额为 30 亿元的信托贷款，用于 4 个保障房项目，建筑面积 940 万平方米[③]；6 月，全国社保基金理事会以信托产品的形式，为天津市提供了 30 亿元信托贷款用于公共租赁住房项目建设；7 月，全国

---

① 参考《天津 REITs 方案获国务院批准 38 亿 REIT 产品将为建保障》（搜房网，2011-01-12）。
② 参考《公租房五省市启示录天津社会融资解资金难题》（新浪房产，2010-11-26）。
③ 参考《全国社保基金 30 亿元信托贷款支持南京保障房建设》（全国社保基金会，2011-07-18）。

社保基金通过交银信托,由国家开发银行担保,向重庆市城投公租房建设公司发放三年期 45 亿元信托贷款;2012 年 7 月,全国社保基金投资无锡保障房 10 亿元信托贷款,支持无锡市两个地块的保障性住房建设,项目全部建成后,可为无锡市提供约 5000 套经济适用房和公共租赁住房①。

2010 年年底,太平洋保险公司等保险机构,以 10 年期债权投资计划的方式,向上海市地产集团提供融资 40 亿元,用于公租房建设;利率按商业银行长期贷款利率下浮约 12%执行,按年调整。2012 年 9 月,太平洋保险集团支持公共租赁房建设,"太平洋—天津公共租赁房债权投资计划"募集资金 100 亿元人民币,首期募集资金 50 亿元人民币,投资天津市"十二五"期间规划建设的公租房项目;该投资计划偿债主体为天津市保障住房建设投资有限公司,国家开发银行对本投资计划提供本息全额无条件不可撤销连带责任保证担保②。平安保险公司与上海市城投总公司签订了 7 年期债权投资计划,募集约 30 亿元资金用于上海城投控股的保障性住房项目建设,50%设固定利率计息、50%按商业银行同期贷款利率下浮一定比例计算利息③。

三、债券融资支持公共租赁住房建设

2011 年 6 月,国家发改委发布《关于利用债券融资支持保障性住房建设通知》,支持地方政府投融资平台公司发行企业债券优先用于保障性住房建设,支持符合条件的地方政府投融资平台公司和其他企业,通过发行企业债券进行保障性住房项目融资,企业债券募集资金用于保障性住房建设的,优先办理核准手续。

2011 年 9 月,北京国有资本经营管理中心在银行间市场成功发行 50 亿元人民币定向中期票据,用于支持北京市 8 个保障房建设项目,此后,北京市保障性住房建设投资中心多次发行私募中期票据,募集资金用于保障性住房的建设。2012年 6 月,天津市与中国银行间市场交易商协会磋商,拟发行保障房中期票据 140亿元。2012 年 7 月份,上海市试点发行约 400 亿元总额度的中期票据,缓解保障性住房建设资金筹措困难④。2012 年,重庆地产集团将发行约 50 亿元的企业债,募资将用于重庆修建公租房⑤。

非公开定向债务融资工具(也被称为"私募债")是指具有法人资格的非金融企业,向银行间市场特定机构投资人发行债务融资工具,并在特定机构投资人范围内流通转让的行为。2011 年,北京市成为全国首个通过发行保障房专项债券融

---

① 参考《全国社会保障基金 10 亿元投资无锡保障房信托贷款项目》(中商情报网,2012-07-12)。
② 参考《太平洋保险支持公租房建设又有大手笔》(和讯保险,2012-11-04)。
③ 参考《上海多方筹集资金建设公租房》(新华网,2011-08-02)。
④ 参考《多地发行中期票据拓宽保障房建设资金来源》(证券日报,2013-08-24)。
⑤ 参考《市发改委:筹建公租房 地产集团将发 50 亿企业债》(重庆晨报,2012-04-26)。

资的地方政府，共安排 500 亿元私募债用于保障房建设。2011 年 12 月，中关村发展集团拟发行 2011 年度第一期非公开定向融资工具，该项目拟建设苏家坨C02、苏家坨 C03、马坊新村、环保园 C02 等 4 项合计 3000 多套建公租房①。2012年 5 月 31 日，中国上海市城投控股股份有限公司公告称，公司拟发行总额不超过25 亿元的保障性住房非公开定向债务融资工具，期限不超过 3 年（含 3 年）。本次保障房定向工具的发行对象为全国银行间市场特定机构投资人，所募资金全部用于公司所属上海城投置地（集团）有限公司在上海青浦徐泾、上海松江泗泾、上海松江洞泾等大型居住社区的保障性住房项目开发。

四、BT 模式为公共租赁住房融资

BT（build-transfer），是指政府或其授权的单位经过法定程序选择拟建的基础设施或公用事业项目的投资人，并由投资人在工程建设期内组建 BT 项目公司进行投资、融资和建设；在工程竣工建成后按约定进行工程移交并从政府或其授权的单位的支付中收回投资。采用 BT 方式参与保障性住房建设，可以有效缓解政府的资金压力，政府也不必承担设计、建造风险。2011 年 8 月，开封新区公共租赁住房（新安苑）BT 项目正式签约，该项目由河南星辉建设投资有限公司和郑州市第二建筑工程有限责任公司联合承建。由于 BT 模式最终还是要由政府出资从企业手中购回，因此这种模式也只能起到暂时缓解政府资金压力的作用。

五、PPP 模式为公共租赁住房融资

PPP 模式通常是政府和私人部门为了合作建设城市基础设施项目或提供某种公共物品和服务，将部分政府责任以特许经营权方式转移给企业，政府与私人部门建立起"利益共享、风险共担、全程合作"的共同体，从而减轻了政府的财政负担，降低了社会主体的投资风险。2014 年年底，财政部在《城镇保障性安居工程贷款贴息办法》中决定，对采取政府和社会资本合作（PPP）模式投资建设、运营管理的公共租赁住房项目，可给予贷款贴息②。

2015 年 5 月，财政部等 6 部门发布通知，鼓励地方运用 PPP 模式推进公共租赁住房投资建设和运营管理。政府选择社会资本组建公共租赁住房项目公司，项目公司与政府签订合同，负责承担设计、投资建设、运营、维护管理任务，在合同期内通过"承租人支付租金"及必要的"政府政策支持"获得合理投资回报。合同期满后，项目公司终结。各种类型的公共租赁住房，包括政府自建自管的公

---

① 参考《中关村发展集团首发人才公租房私募债》（千龙网，2012-01-04）。
② 《PPP 模式投资公共租赁住房项目获贷款贴息》（金融时报，2014-12-03）。

租房、政府收购的符合公租房条件的存量商品房、以企业为主建设管理的公租房项目，均可采用 PPP 模式投资建设和运营管理①。

本 章 小 结

本章总结了我国公共租赁住房的主要融资模式、辅助融资模式和目前已经采用的金融手段。总的来说，我国公租房的融资现状存在以下几方面问题：第一，政府出资比例过高，增加了地方政府的财政压力；第二，资金沉淀期过长，公租房难以在短期内回收资金，资金占用量大，投资回报率低，对社会资金缺乏吸引力；第三，公租房从资本市场获得的资金支持有限；第四，资金募集和资金使用存在期限上的错配，公租房的投资回收期长达 20～30 年，但是目前（公租房）商业贷款不超过 15 年，中期票据、短期融资券等债务工具的资金偿还期限不超过10 年。

我们应该考虑，如何以公租房的租金收益权为基础发行有价证券，笔者认为，REITs 是一种可以重点考虑的融资模式，但是在大量应用之前，可对原有 REITs 的运作模式稍加改进。例如，想办法引入国家信用、增强 REITs 市场的流动性，以提高我国公租房 REITs 对国内外机构投资者的吸引力，从而吸引长期投资者参与到公租房的投资和建设中来。

---

① 《财政部等六部门鼓励地方运用 PPP 模式推进公共租赁住房投资建设和运营管理》（财政部新闻办公室，2015-05-22）。

第六章　国外及中国香港地区公共住房的
发展和融资模式

西方的公共住房理论最早可以追溯到 19 世纪 70 年代。恩格斯在 1872 年发表的《论住宅问题》中提出"住宅缺乏现象"，指出住房问题是工业化和城市化加速发展的产物。工业和人口在城市高度集中，形成对土地和住房的巨大需求，从而导致住房供应的绝对短缺，进而造成土地价格及住房价格上涨，于是广大低收入家庭的住房支付能力与达到适宜居住标准的住房价格之间出现巨大的落差。很多发达国家都有公共住房，公共住房这一具有社会保障性质的住房，如何筹集房源、筹集建设资金，为各国所关注。

第一节　国外公共住房的融资问题的文献综述

19 世纪，英国的合作住房运动促进了住房和生活的改善，1896 年，伦敦发展了第一个租赁统建房（公共住房），安置 5700 个人（Malpass and Murie，1999）。20 世纪以后，受凯恩斯的国家干预经济思想影响，欧美发达的资本主义国家开始利用行政手段干预市场经济，住房市场亦如此。第一次世界大战后，英国发生了严重的住房短缺。20 世纪 20 年代，地方住房委员会大量兴建公共住房，解决住房短缺问题（Malpass and Murie，1999）。大萧条时期，美国公共住房作为联邦新政的一部分，为工人阶级提供住房。美国在"罗斯福"新政时期主要提出两点措施：一是坚持住房的商品化；二是充分调动国家资源参与住房建设。1933 年联邦法允许通过使用公共基金，为建设低成本住房和清理贫民窟融资，1937 年《住房法》为公共住房设定了双重目标：建设住房和增加建筑行业的就业机会（Stone，2003）。Harsman 和 Quigley（1995）指出，住房政策与经济政策、社会政策密不可分，经济发展、社会福利、土地使用等政策会对住房政策和住房支出产生影响。

关于公共住房应当由政府主导还是公私合作提供这一问题，各国政府的做法有差异，学者之间的观点也有差异。一些学者认为，公共住房应由政府主导建设，McKenzie 和 Betts（1992）等学者认为，政府应该主导解决住房市场的资金问题，主动干预住宅市场，通过调控平衡供给与需求。Werna（1999）以华盛顿州政府参与低收入家庭住房建设为例，分析指出，即便获得政府部门的相关支持，私人部门对低收入者的住房供给也往往表现得不够积极，因为私人部门具有利润最大化的特点，因此政府应该作为提供低收入家庭住房的主导，可以通过制定政策加以引导，是不能完全由私人部门负责低收入住房的供给。Laferrere 和 Blanc（2004）对法国与美国的公共住房系统进行深入比较，主要对比了公共住房的建设、租金直接补贴政策和对低收入住房所有者的帮助三个方面，从运行效率和对市场的影响来看，租金直接补贴要优于政府直接提供公共住房，但是私人市场的租金水平会由于租金直接补贴而上涨，因而难以比较两种保障方式的优劣。

有些学者认为，引入私人部门会提高公共住房的供给效率。Kimm（1987）认为政府不应该直接参与公共住房供给，非政府企业应该成为公共住房的主要提供者，而且应以市场化的私人营利部门为主，以提高住房供给效率，但同时应该鼓励私人非营利组织和社区组织参与，以适当降低供给的成本。Ohls（1975）构建了一个住房市场过滤模型，假设住房市场是完全竞争的状态，在一般均衡条件下，效用最大化是购房者追求的目标，利润最大化是住房开发商追求的目标。应用计算机模拟一般均衡条件下市场参与方的行为特征，发现从政府成本的角度来看，增加低收入人群住房消费的直接货币补贴政策（如租金优惠券计划，rent voucher program）比政府直接建设公共住房实施实物补贴的政策（如政府新建计划，new construction program）更有效率、更节约成本。Buron 等（2002）指出，获得住房选择代金券的居民所居住社区的贫困率由 61% 下降到 27%，他们中约 40% 的家庭不再回到原来的贫困公共住房社区居住，目前居住在贫困率低于 20% 的社区。Burman（1992）等学者认为从效率的角度，直接租金补贴比政府集中建设公共住房实行实物补贴的效率要好。Ibem（2011）指出，公私合作（PPP）模式应作为一种新的提供住房的模式在尼日利亚为低收入家庭提供公共住房中发挥作用，政府应向开发商无偿提供土地，降低过高的建筑标准，由私人承建和管理公共住房。

20 世纪 70 年代以来，金融创新为公共住房融资提供了新的模式，从而可以吸收各类资本参与保障性住房建设。其中，比较有代表性的公共住房的融资模式包括：资产支持证券（asset-backed security，ABS）、房地产信托投资基金（real estate investment trusts，REITs）、公私合作关系（public private partnership，PPP）、股权融资、各种金融机构贷款、可转换债券以及融资租赁等。Sellon 和 Nahmen（1988）、Grigsby（1990）、Karley（2002）和 Su（2004）等学者对资产证券化和 REITs 模式进行研究，Savas（2000）、Minow（2003）和 Austin（2008）、Ibem（2011）等对 PPP 模式进行研究。

第二节　美国公共住房的融资模式

美国的公共住房计划（public housing program）主要是为低收入家庭、老人和残疾人提供适合居住、安全的租赁住房。在 20 世纪 80 年代以前，美国住宅与城市发展部（U.S. Department of Housing and Urban Development）没有任何鼓励廉租房发展的金融激励机制，联邦政府承担了所有设计和新建廉租房的成本，政府出资的企业基本负责所有廉租房的建设和发展。投资者一直将廉租房视为高风险、低回报的投资项目，几乎没有私人资金投资低收入家庭住房项目。1986 年，税法改革从根本上改变了廉租房的商业模式，它将利润，帮助需要帮助的人，通过建筑技术创新提供健康、结实、高雅的住房相结合，兼顾了居民、社会、开发商和投资者等多方的利益。在第三章中，我们已经介绍了美国为解决公共住房融资问题实施的 HOPE VI 计划，这章将重点介绍低收入住房税收优惠证（闫妍，2007）。

1986 年，税法改革在内部收益法（Internal Revenue Code）的第 42 章提出低收入住房税收优惠证（Low-income housing tax credit，LIHTC）计划。获得税收优惠证的前提条件是，项目必须有一定比例的单元分给低收入家庭（至少 20%的单元提供给不高于当地中等收入水平 50%的家庭，或者至少 40%的单元提供给低于当地中等收入水平 60%的家庭），并且这部分住房的租金不得高于租户家庭收入的 30%，出租年限至少为 30 年。各州被授权向获得、改建、新建廉租房者提供联邦税收优惠证。房屋所有者可以用税收优惠证减少其他收入的税负，也可以将其出售给其他投资者为项目融资。

税收优惠期为 10 年。优惠比例每月进行调整，在合法财产的 4%或 9%附近波动。一般的，购买现有住房、联邦补贴①的改建房和新建房通常优惠 4%，没有联邦补贴的改建房和新建房可获得 9%的优惠，但是如果申请者决定将联邦补贴的金额从建筑的基础价值中扣除，也可以申请 9%的优惠。

作为 1989 年 Omnibus Reconciliation Act 的一部分，国会对 LIHTC 计划的补充条款旨在增加住房困难地区的 LIHTC 住房供给。补充条款允许在计算税收优惠时，对位于难于开发地区和特定人群区的 LIHTC 项目提供较高的基准（标准财产基数的 130%）。难于开发地区是指位于都市区和非都市区，建筑、土地和使用成本相对收入较高的地区；特定人群区是指该地区至少有 50%的家庭，其收入低于当地中等家庭收入的 60%的地区。

2000～2004 年，LIHTC 每年帮助建立约 10 万套廉租房。2006 年，LIHTC 提供了约 13 万套廉租房（包括新建房和存量房）。市场对 LIHTC 越来越认同，2004 年，向投资者出售 1 美元的税收优惠，就能筹集到 80～90 美分的资金；而在最初，税收优惠证只能卖到 35～40 美分，因为投资者怀疑廉租房的获利能力（Narron，2004）。

闫妍（2007）根据美国住房与城市发展部（2006）公布的 1995～2004 年近十

---

① 建筑获得"联邦补贴"的含义是，获得低于市场利率的联邦贷款（Section 42 of the Code）或者利息免于联邦收入税的贷款（Section 103 of the Code），以及联邦贷款被直接或间接用于建设或项目的运营。

年 LIHTC 住房的数据，将美国 LIHTC 住房的特点归纳如下：一是新建为主，改建为辅；二是 LIHTC 住房以 2 居室为主；三是资金来源多样化；四是政策向难于开发地区和特殊人群区倾斜；五是贫困人口、少数民族高度集中。

LIHTC 又发展出一些创新模式，通过更好地利用税率杠杆，鼓励建设节能、环保、设计新颖的廉租房建筑，如马里兰州的绿色建筑税收优惠计划。HUD 还通过出售低收入家庭税收优惠证（LIHTC）进行权益投资，使企业基金、社会投资市政公司、援助性住房公司和社会上有爱心的开发商、投资者共同参加援助性住房的开发建设，向体弱的老人、无家可归者、刑满释放者、前滥用毒品者和其他需要帮助的人提供住房以及交通、药品使用咨询、精神健康治疗、护理及药物治疗、就业咨询等服务。

LIHTC 使公共政策、税收优惠（作为引进资本的方式）、市场力（廉租房需求）和社会责任很好地结合在一起，创造了有助于解决低收入家庭和就业困难人群住房问题的营利性的商业机会。

第三节　欧洲国家公共住房的融资模式

一、英国公共住房的融资模式

和多数西欧国家一样，最初英国的社会住房由非营利的慈善机构提供，他们主要寻求解决特殊人群（没有安全住所的人和女性）的住房问题。地方政府给予的租赁住房供给补贴开始于 19 世纪末（Stone，2003）。第二次世界大战后，社会住房在住房供给方面扮演重要的角色，一般的新建社会住房由地方政府补贴。1979年，英国的社会住房规模达到最高，有超过 550 万套社会租赁住房，占住房总存量的 31%，93%的社会租赁住房由地方政府和新城镇公司所有，政府重建了对地方政府和住房协会的补贴体系，1988 年后，几乎所有的社会租赁住房都由住房协会和注册社会房主提供，住房协会是非营利性的房主，负责向低收入家庭提供住房；注册社会房主必须在政府的指引和领导下运作，获得政府补贴（Gibb，1999；Malpass，2000）。20 世纪 80 年代中期开始，住房协会不仅负责新增社会住房的建设，还发起了大规模的自愿转换计划，社会住房的规模锐减，自有产权房迅速增加。

1988 年后，住房协会的社会住房融资主要是债务融资和中央政府补贴。最初补贴率超过 90%，后来，随着租金的增长和住房协会之间对补贴的竞争，20 世纪90 年代，补贴支付的成本下降到 60%以下，现在是 50%左右。补贴与从私立金融机构获得贷款有关，从而降低从金融机构借款的成本。住房部门只能从少数几家金融机构获得抵押贷款，由于有住房收益盈利安全性和政府资金补贴作担保，住房协会获得贷款的风险溢价低（比 LIBOR 高 30～70 个基点）。政府提供给注册社会房主和住房协会的补贴主要以收益为基础，覆盖了租金收入和支出的差。近年来，对地方政府的供给方补贴不断增长，因为存量住房的投资用于更新改造。近距离管理组织（Arms Length Management Organisations）承担这项投资，融资总量在过去的几十年中快速增长（Whitehead，2007；Hills，2007）。

二、德国公共住房的融资模式

德国宪法明确指出"住宅不仅仅是经济品，也是公共品。住宅不应该追求利润最大化"。自 20 世纪 80 年代至今，德国房价虽然出现上涨，但在涨幅最高的 90 年代中期也仅为每年 7%左右，对居民购房能力的冲击并不明显，加上政府对租房价格的严格控制，新房价格的上升速度减缓（Whitehead and Scanlon，2007）。

在德国，社会住房包括高质量的补贴租赁住房和合作建房，还有相当一部分单亲家庭住房。社会住房最初是建在战争破坏的地方。官方文件通常称之为"公共补贴住房"或者"改善性住房"，相当于国家存量住房的 5%，主要提供给自己无力购买住房和需要帮助的家庭，特别是低收入家庭，有小孩、怀孕妇女、老人的家庭、单亲家庭、无家可归人士和其他需要帮助的人。

德国政府通过各种财政金融手段积极为公共住房体系融资，德国公共租赁住宅的资金安排主要有三个渠道：一是政府将通过税收归集的资金用于公共租赁住宅的建设和维护，二是租户缴纳租金，三是经营机构自筹资金（姚玲珍和张小勇，2009）。

（一）财政补贴支持公共住房建设（Whitehead and Scanlon，2007）

德国政府通过奖励和税收减免直接或间接补贴公共住房的建设者，公共部门通过补贴私人公司开发新的社会住房，修缮存量住房。为了获得补贴（奖励或税收减免），这些公司被要求运营有收入限制和租金上限的社会住房，公共部门的补贴弥补了租金收益和租房成本之间的差。德国根据规划类型和补贴程度将住房锁定为"社会住房"的时间从 20 世纪 70～80 年代的 40 年下降至目前的 12～20 年，到期后，房主可以自由地以市场价格出租或出售住宅。然而事实上，很多开发商是国有企业，继续将这些住房作为社会住房运营管理。

在历史上，市政和合作住房公司是德国最主要的社会住房建设者。目前，德国没有特定的公共住房提供者，但是对低收入家庭居住的低租金住房给予补贴。通常，公共补贴（补助或者税收减免）覆盖实际租金和成本租金的差额，新建房屋支付补贴 20～40 年，改造住宅给予补贴 12～20 年，此后，得到公共住房补贴的住宅可以在市场上以市价销售。在实际中，国有住房公司通常会继续将这些住房作为社会住房持有和运营，住房补贴仍然提供给一定收入水平以下的人群，无论他们租赁或持有自己的住房[①]。

除了直接补贴外，社会住房还受益于德国的税法（支持租赁房投资），社会住房可以以高折价率获得间接补贴。除此以外，德国开发银行向所有建设和更新符合特殊住房政策的建筑发放低息贷款，在过去的 20 年中，德国建设了大量特殊需求住房，包括生活/工作用房，多世代共同居住的住房和面向老年人、残疾人的住房，为这些特殊群体提供社会和医疗服务。

（二）公共住房融资市场化

在过去的 10 年中，德国公共住房的政策由"政府直接投资建设公共住房"，转向"鼓励地方政府和私人建房"，目前政府更倾向于采取间接手段调控房地产市场，采取补贴和优惠政策，鼓励开发商和非营利性团体（包括地方政府所有的公房公司、居民组建的住房合作社等）建设公共住房。

德国的公共住房金融体系，由政府主导型转为市场主导型。德国的住房储蓄贷款制度是一种互助性质的金融体系，住房储蓄银行是这一体系的专门运营机构。专款专用，利率固定，以存定贷，贷款利率低于其他同期贷款利率，德国房贷实行超长期限的贷款利率。住房储蓄银行为德国公共住房发展提供低息贷款的资金支持[②]。

目前，德国所有的公共住房资金支持服从以下原则：一是只有当地方政府负担过渡时，国家和联邦政府才进行干预；二是除了市政、国家补贴外，最终使用者必须支付他们需承担的部分（租金、抵押贷款利息）；三是国家或联邦政府不拥有任何社会住房，德国的所有社会住房法律上都是私有的，甚至根据商法，市立住房公司都是私有的，市政只持有一部分股份（Whitehead and Scanlon，2007）。

（三）融资模式使公房社区没有经济分割现象

在分配上，社会住房的收入上限是可调的。市政征集了符合条件的申请者，房主能够在这个人群中筛选租户，根据他们的判断分配住房。这总是导致理想的社会混居，但是在一些居住条件差的地方也有经济分割现象。德国有三种社会住房（Droste and Knorr-Siedow，2004）。

第一种是联邦管辖的狭义的社会住房，有严格的收入限制和租金上限，初始租金在 4 欧元/平方米/月，然后租金随信贷补贴的下降而上升。

第二种是一些州的高水平社会住房，住房质量较好，租户收入比第一种要高60%，租金也更高，在柏林、东部和西部的老工业区是 5 欧元/平方米·月，南部

---

① 根据 CECODHAS Housing Europe 介绍德国公共住房的资料整理，CECODHAS 是欧洲公共住房、合作住房和社会住房联盟（www.housingeurope.eu/publication/social-housing-country-profiles）。

② 参见《德国的住房保障制度》（中国建设报，2002-07-25）。

是 7 欧元/平方米·月。这种类型住房的开发商（无论是新建还是改建）没有获得作为奖励的补贴，但是可以获得补贴贷款，这种抵押贷款的初始利率非常低，在随后的几年中逐渐提高到市场利率水平。

第三种是开发商获得类似的补贴，但是房主购买而不是租住这类社会住房。

对前两种社会住房融资体系的批评者指出，新的社会住房经常比相似质量的市场住房成本高，建设者被允许花费达到某个规定的成本上限。公共部门支付租户租金和抵押贷款成本之间的差异，社会住房居民的租金在锁定期会稳步上升，最后，住房租金跟市场租金相近。这种补贴方式加重了政府对社会住房补贴的长期财政负担。一些州政府发现，到补贴期结束时，很多社会住房的租户很难承受最终的成本租金，很多州不得不延长支付，承担过高定价的社会住房（Whitehead and Scanlon，2007）。

在这种融资方式中，社会住房的租金成本越高，给予投资者的税收补贴就越高，降低了社会住房和市场住房的成本差，使社会住房不至于被唾弃为穷人的住房。这明显不是一个低成本住房的激励机制，也使得社会住宅从来没有被鄙视为低收入者的住房和破败不堪的贫民窟，尤其是 20 世纪 80 年代后，社会住房的提供者建造达到环保标准、有吸引力的住房，它们成为市场住房的参考模式（Droste and Knorr-Siedow，2004）。

三、法国公共住房的融资模式

在法国，最早的社会住房是由慈善家和开明的企业家出资建设，提供给工薪阶层的工人和雇员，他们不能在市场住房中找到适当的居所。第二次世界大战后，住房短缺，社会住房的数量迅速增长，社会住房主要是提供给无家可归者和穷人居住。20 世纪 60 年代，在社会住房中居住是中产阶级居民职业生涯中很正常的一部分经历。1977 年后，开始鼓励自有产权住房的发展，社会住房成为穷人的住房（Kleinman，1995）。2004 年，法国有 420 万套社会租赁住房，占全国存量房的 17%，每 1000 个居民有 69 套社会租赁房，荷兰（155/1000）、英国（106/1000）、德国（30/1000）、意大利（16/1000），55%的存量房是 1976 年前建设的，1995 年后建造的只占社会住房存量的 10%（Whitehead and Scanlon，2007）。

在法国，社会住房被称为"中等租金水平的住房"，由 HLM（Habitation à Loyer Modéré）组织建设和管理。无论是私营和公有的 HLM 组织，都是非营利的，并且在住房和金融部的管理之下。其中，公共机构是由地方政府出资支持的公共实体，住房公司是指由私人非营利性质公司建设，公共机构提供较高比例的低水平社会住房，住房公司提供较高比例的高水平社会住房（公共机构 8%，住房公司 4.5%）。

法国社会住房原本确定的申请人群收入上限是包括大部分人口的，可以在社会住房社区实现一定程度的社会经济混合。然而，在过去的 30 年中，社会住房中的贫困人口持续增长，35%的 HLM 家庭在贫困线以下。2007 年，住房权力法（*Law on the Right to Housin*）对以下 6 类给予了优先申请社会房屋的权力：无家可归者、被驱逐找不到其他房子的人、只有临时住所的人、身体不好或居住条件不好的人、有很多小孩居住拥挤的家庭、残疾人。

1977 年，国家和社会住房建设者达成协议，建设者可以获得补贴和贷款支持，他们尽社会房主的义务，监督租户的收入是否超过上限、限制租金在合理水平以下。法国社会住房的租金根据净建筑成本计算，中央和地方的补贴和税收激励降低了建筑成本，住房收益用于帮助最贫穷的家庭支付租金。如果家庭收入提高到收入上限，租金就相应地上升。

绝大多数社会住房的新建资金来自于金融贷款，主要的贷款人是"Caisse des Dépôts etConsignations"（CDC），从 Livret A 账户提供资金。这是实行管制利率的储蓄基金，不纳税。每个法国家庭都有权力在地方银行开一个免税的 Livret A 账户，他们的储蓄存款由 CDC 汇聚，CDC 向银行支付一定费用收集这些基金并给定利率[①]。社会住房提供者可以从公立银行得到贷款，资金来源是住房储蓄存款。国家负责监管贷款，确定住房需求，支持项目发展，确定给予社会住房的补贴。地方政府监督社会房主、合资的社会住房协会，管理城市规划。2004 年 8 月，*the Second Decentralisation Law* 允许地方政府负责社会住房的奖励，这部分资金支持相当于 5%的建筑成本，但是它们可以带动其他的社会资金参与公共租赁住房建设。

社会住房的资金由国家、社会住房开发商和地方政府共同提供，雇员的工资中有 1%的住房税。近 20 年，法国对社会住房提供者的补贴（包括财政拨款、利息补贴、税收减免等）锐减，从 1984 年的 28 亿欧元下降到 2004 年的 18 亿欧元；与此同时，个人住房补贴从 1984 年不足 50 亿欧元上涨到 2004 年的超过 140 亿欧元，相当于住房政策总成本的 55%（Levy-Vroelant，2007）。

法国社会住房的其他融资途径包括雇主的补贴和贴现贷款，支持雇员购房，还有地方政府的补贴或 HLM 保障基金（CGLLS）。例如，2009 年社会住房典型的融资机制是，76.5%来自 CDC 贷款（LivretA）；10%来自股权投资；8%是地方政府的补贴；3%是国家补贴，2.5%是雇主补贴。在一项名为"Grenelle de l'Environnement"的计划下，HLM 计划在 2020 年前，改造 80 万套社会住房，提高能源使用效率，这项计划由欧盟通过欧洲区域发展基金（European Regional Development Fund，ERDF）支持。

---

① 根据 CECODHAS Housing Europe 介绍法国社会住房的资料整理。

四、欧洲其他国家社会住房的融资模式①

欧洲国家的社会住房（公共住房）以租赁型社会住房为主，也有部分可出售产权，主要解决低收入群体的住房问题。下面，我们对意大利、西班牙、荷兰、丹麦、奥地利等部分欧洲国家社会住房的融资模式进行简要介绍。

意大利社会住房的资金来源。中央政府负责社会住房的宏观规划和项目的协作融资，包括发放住房补贴、城市更新改造计划，支持社会租赁住房的发展。地方政府主要负责向社会住房的提供者分配土地，向租户提供个体的援助。地方政府实际拥有，在多数情况下管理社会租赁住房。第二次世界大战后，意大利兴建了 100 万套社会住房。1978 年开始，社会住房发展基金（Foundations for Social Housing Development）包括银行基金、地方政府和私人投资者合作兴建社会住房，使新的建设者和管理者参与到社会住房的运营中。国家住房规划（National Housing Plan）通过创立包括国家基金和地方基金在内的房地产基金，设定了为社会住房融资的合作基础。

西班牙受保护住房的资金来源。在西班牙，住房权力是受到宪法保护的，西班牙的社会住房被称为公共受保护住房（publicly protected housing），主要通过国家住房规划（national housing plan）融资，也会在国家的促进下从私人信贷机构获得优惠借款。公共受保护住房通常会受益于直接的公共援助，如拨款或贷款补贴。国有企业、私营开发商、非营利机构还有想要购买或改造住房的个人都可以兴建公共受保护住房。

荷兰社会住房的资金来源。荷兰社会住房占住房总量的 32%，占租赁住房的75%，是所有欧洲国家里最高的。1993 年开始，荷兰的社会住房组织独立于联邦政府进行融资，接受租金价格管制，在资本市场上获得担保贷款。注册社会房主可以获得三个层次的资金支持：一是中央社会住房基金（Central Fund of Social Housing），一个独立的公共组织，作为社会住房机构的监管方，向遇到融资困难的机构提供支持；二是社会住房保障基金（Guarantuee Fund for Social Housing），一个由社会住房机构联合建立的共同基金，共同基金保障社会住房组织能够在公开资本市场融资时获得优惠利率；三是中央和地方政府作为最后的资金来源保障。

丹麦社会住房的资金来源。91% 的资金由社会住房协会从银行借款，地方政府以无息贷款支付 7% 的成本作为基础投资资金，保障其他部分的抵押贷款，其余 2% 由租户的存款支付。地方政府向租户提供个人住房补贴，帮助支付租金。丹麦法律规定，社会住房必须以成本租金出租，成本租金按照历史的建设成本计

---

① 这部分主要是根据 CECODHAS Housing Europe 的资料整理。CECODHAS 是欧洲公共住房、合作住房和社会住房联盟，CECODHAS 网站对欧洲各国社会住房（公共住房）的定义、提供者、提供对象、融资模式等情况进行了介绍（www.housingeurope.eu）。

算。抵押贷款还清后，租金并不减少。国家建设基金成立于1966年，由住房协会做更新改造工作，以及为新建住房融资。

奥地利社会住房的融资模式。奥地利社会住房的资金来源主要包括：长期优惠利率贷款、联邦省的拨款、开发商自有资金和通过HCCB债券筹集的商业贷款。住房建设可转换债券（housing construction convertible bonds，HCCB），由住房银行销售，以优惠利率投资新的可支付住房，这种模式开始于1993年。购买HCCB可以获得税收激励，减免部分资本利得税和收入税，这种方式筹集的资金用于为租赁性住房建设融资。社会住房的发展也得到地方政府土地政策的支持，按成本结合补贴机制最终确定租金上限。一个社会住房项目的资金来源通常包括：

（1）20%～60%的补贴（财政拨款、低成本贷款）；

（2）5%～15%的开发商自有资金；

（3）0～15%的未来居住者的资金，包括房屋租金和房屋所有权出售资金；

（4）50%～70%的行业贷款（可通过商业债券和住房银行融资，住房银行通过HCCB融资）。

综上所述，欧洲公共住房、社会住房的兴建和运营主要依靠中央政府与地方政府的财政拨款、税收优惠和补贴，部分来自于银行的低息贷款，少有创新的金融模式。欧洲历来的高福利支出支撑了公共住房主要依靠公共资金的融资模式，欧债危机是欧洲国家历史上"高福利"累积的结果，并且积重难返，因此过于依赖财政支出的公共住房融资模式从长期看不具有可持续性。

第四节　亚洲国家和地区公共住房的融资模式

日本和新加坡是亚洲国家住房保障体系建设的先行者，中国香港地区"公屋"发展的成功经验也值得我们借鉴。在这部分，我们将重点总结这三个国家或地区公共住房发展和融资的经验。

一、日本公共住房的融资模式

日本是一个典型的人多地少的国家，住房历来紧张，尤其是第二次世界大战后，日本进入住宅的大量需求阶段，城市中涌现出大量的无家可归者，单凭个人力量无法解决住宅问题。为了缓解住房难，日本政府于1951年6月起颁布实施《公营住宅法》，确定廉租房的宗旨是"以低廉房租向住房困难的低收入者提供住宅"，自此开始，廉租房有法可依。

日本政府的保障性住房供应体系是，在建设省住宅局的统筹管理之下，以日本住宅金融公库、日本住宅都市整备公团和地方住宅供给公社为主体。下面我们分别介绍日本保障性住房体系涉及的主要机构。

一是建设省住宅局，代表政府行使住房建设决策和管理监督的职能。

二是日本住宅都市整备公团，负责具体实施公房建设，日本"公团"的性质为政府全额出资的特殊法人，其中，中央政府出资约占 3/4，地方政府出资约占 1/4，"公团"在日本也称之为都市再生机构，其开发的住宅被称为"公团住宅"，主要面向中低收入家庭出租或出售①。1955 年，以住房困难的中低收入阶层为对象，日本成立了实施大规模住房开发的住宅公团②。在日本住宅公团发展的第一阶段（中国目前类似于这一阶段），日本社会要求提供大量的同户型、同面积的住宅，住宅公团的工作重点是摸索进行住宅的标准设计，开发公共住宅的标准化配件。

三是住房金融公库，属于政策性住房金融机构，住宅金融公库的资金来源主要是国家投入的资金，通过吸收个人住房存款，向居民自建或购买住房提供长期、稳定的低息贷款，利息比市场利息低 1～2 个百分点。

根据《公营住宅法》，廉租房的房源可以通过政府自建、购买、租借等方式提供。国家要对地方政府的公营住宅事业提供财政、金融和技术上的支持。中央政府对于地方政府自建、购买和租借公营住宅可提供除去土地费用一半的资助，翻建住宅可补贴 1/3 的费用③。日本政府的财政补贴分为两种：一种是政府财政拨款，一方面用于低收入家庭的租房、购房补贴，另一方面用于资助公营住宅建设；第二种是政府的财政投资性贷款，一方面是向住宅都市整备公团提供住房建设的投资贷款，另一方面是将资金贷给住房金融公库，再由后者向公共住房建设贷款及低收入者发放住房贷款（马庆斌，2010）。

二、新加坡公共住房的融资模式

由于新加坡国土面积小，新加坡将"居者有其屋"作为国策，成立了建屋发展局，负责建设公共组屋，公共组屋由政府无偿提供土地，并结合公积金制度，面向中低收入者出售或出租，是一种社会保障性质的住房。新加坡 87% 的人居住组屋，收入最低的 20% 的人群，几乎全部拥有组屋。住户购组屋一般需一次缴足相当于售价 20% 的款额，余下部分由建屋局以低息贷款方式垫付，住户可用公积金在 5 年、10 年甚至 25 年内还清。

新加坡依靠政府征收高达个人收入 33% 的所得税和 23% 的中央远大基金

---

① 参考《日本公共住房政策：基本实现住者有其屋》（地产中国网，2010-03-30）。

② 参考《日本公团住宅经验之鉴》（中国房地产报，2011-11-15）。1991 年，日本住宅公团和宅地开发公团合并，建立了住宅都市整备公团，将工作重点转向城市再开发和城市公园的修建，2004 年，日本政府又将其改组为都市再生机构（UR），几乎不再直接进行住宅建设，而是将工程交给开发企业，自身业务重点则放在城市基础设施的整备、租赁住房供给和管理等。目前中国的情况类似于日本住宅公团的第一发展阶段。

③ 参考《日本的公共租赁住房政策》（新浪地产，2012-06-14）。

（Central Provident Fund，CPF）来提供对公共组屋计划在财政上的支持。1968 年，《中央远大基金法》规定，国民可以抽调他们在 CPF 储备中的 80%用于购房，但前提是他们必须按月将规定的金额存入个人的 CPF 账户（巴曙松，2006；杨芝锦，2008）。CPF 类似于我国的住房公积金，住房公积金制度是新加坡解决居民住房问题的重要保障，它为组屋建设和"居者有其屋"计划提供金融支持。所有新加坡公民和永久居留的居民，都必须参与公积金储蓄。政府将一部分公积金用于组屋建设，或购买政府为住房建设贷款和补贴而发行的债券，间接支持组屋建设。通过这种政策，获得稳定建设资金，避免商业贷款高额利息（马庆斌，2010）。

　　建造公共组屋可强制征地。与中央公积金制度相配套的是强制性的土地征用制度。新加坡政府于 1967 年颁布了《土地征用法》，授权政府为兴建公共房屋或实施其他发展计划而强制征用私人土地；同时规定被征用土地只有国家有权调整价格，价格规定后，任何人不得随意抬价，也不受市场影响。因此，征用土地是政府再分配财富和资源的一项强制性措施，使得当时政府征用土地所支付的补偿标准远低于市场价，以确保公共组屋建设、城市更新及土地开发能以远低于私人开发商购地的价格获取所需的私有土地。目前，新加坡国有土地占土地总数的 80%左右。政府必须控制住土地和地价，这是建造大量民众都负担得起的公共组屋的基础①。

三、中国香港地区公共住房的融资模式

　　香港的公屋，是由香港房屋委员会（简称"房委会"）或香港房屋协会兴建的公共房屋。香港房委会成立的初衷是为无法负担租住私人住房的低收入家庭提供公屋。截至 2013 年 3 月底，房委会管辖着近 72.8 万个公屋单位，分布在全港 160 多个公屋屋邨，为逾 200 万香港市民提供安居之所②。

　　房委会是财政自主的机构，以内部衍生的资金，持续推行庞大的公营房屋计划。根据房委会《2012/13 年度财务报表》，2013 年，商业楼宇业务盈余为 7.71 亿元，主要是商场、停车场、福利设施的租金收益；运作盈余 20.76 亿元，包括居者有其屋计划（居屋计划）、私人机构参建居屋计划（私人参建计划）、租者置其屋计划（租置计划）；房委会把余下资金做长线投资，以赚取较佳的长期回报，2012/2013 年，房委会约 55%的资金投放于外汇基金做保本投资，17.5%投资于股票、17.5%投资于环球债券、10%投资于流动资金（主要为银行存款），以应付房委会日常运作所需。房委会资金在 2011/2012 年度、2012/2013 年度的整体总回报率分别为 4.7%和 6.5%③。

---

① 参考《新加坡公共住房建设何以顺畅》（中国经济导报，2011-02-01）。
② 参见香港房屋委员会（www.housingauthority.gov.hk）《2012/13 年度年报》。
③ 根据香港房屋委员会《2012/13 年度年报》中"财务回顾"部分整理。

香港前任行政长官董建华提出的八万五建屋政策①及后来的停售居屋，导致房委会开支庞大，资金短缺，陷入财务困境。因此，2004 年年初，房委会决定分拆其商业物业及停车场，使其证券化成立领汇基金（The LINK）。但由于公屋商场是房委会的主要财政来源，公屋居民担心公屋商场私有化后，将使房委会唯一的盈利收入来源断绝，最终导致公屋租金上升；此外，由于公屋居民中有不少老弱人群，他们担心公屋商场私有化后以盈利为先，不再提供现有的廉价消费品。部分持公屋的居民在领汇首次公开发售期间向香港高等法院提请司法复核，受法律程序所碍，房委会被迫宣布搁置上市。

2005 年 11 月 25 日，香港领汇 REITs（香港股票代号：823）在港交所上市发行，为香港特区政府筹集了 200 亿港元资金，用于充实房委会公屋建设资金。领汇旗下的物业主要分为商场、停车场、街市和熟食档四大类别。领汇旗下的物业组合包括内部楼面面积、零售物业及约 80 000 个泊车位②，主要分布在九龙和新界的公屋和居屋社区。

本 章 小 结

从国际经验看，公共住房融资主要有以下几个渠道：**一是政府财政拨款**，即在财政预算中，确定一定比例份额，用于建设公共租赁住房和租金补贴，这是各国普遍采用的为公共住房融资的主要资金来源；**二是发行债券**，地方政府发行地方债券，用于公共住房的建设，地方政府房产部门收取的租金保证债券的还本付息；**三是房地产投资信托基金（REITs）**，2005 年香港领汇 REITs 在港交所上市发行，为房委会筹集 200 亿港元资金，用于充实房委会公屋建设资金；**四是政府担保专项基金**，政府部分出资、以政府信用作担保，建立专项支持公共住房发展的基金，如意大利的社会住房发展基金；**五是通过税收优惠鼓励私营部门参与公共住房建设**，如美国的低收入住房税收优惠证；**六是互助储蓄制度下向公共住房提供低息贷款**，如新加坡的住房公积金制度和德国的住房储蓄贷款制度。

根据世界部分发达国家发展公共住房的经验，公共住房在不同阶段的主要融资方式有所差别。很多国家在公共住房建设的起步阶段（第二次世界大战后），其政府补贴是最主要的资金来源，多数社会住房归政府所有。但是发展到一定阶段后，相当高比例的社会租赁住房由非营利组织所有和管理，如住房协会、注册社会房主、社会住房公司等形式，由于这些国家的公共住房发展历史较长，并且有

① "八万五建屋计划"，是香港行政长官董建华在 1997 年度施政报告提出的一项政策。董建华提出每年供应不少于 85 000 个住宅单位，希望 10 年内全港七成的家庭可以自置居所，轮候租住公屋的平均时间由 6.5 年缩短至 3 年。

② 参见领汇官方网站（www.thelinkreit.com）。

一定的保障房存量，负责公共住房建设的非营利组织的筹资方式除了获得政府补贴外，还可以用存量社会住房向银行抵押，资金极其紧张时还可以通过出售存量房为新建的社会住房融资。但是目前，我国仍处于公共住房发展的早期，应该以建设公共住房为主。由于新毕业的大学生、无房户、外地来城市工作的人、中低收入家庭等这些有住房困难的长期持续存在，因此应避免将大量公共住房出售，尤其在短期内，应该以新建公共租赁住房、增加公共租赁住房数量为主。

第七章　公共租赁住房的证券化融资模式

住房问题尤其是大城市的住房问题已经成为重要的民生问题，解决不好可能会影响社会稳定和经济的可持续发展。本书在此前的章节中介绍了中国公共租赁住房的融资现状，由于投资回收期长，商业银行不愿给予较长期限（超过 15 年）的贷款，同时，公租房的投资收益率不高，对私人投资者缺乏吸引力。因此，我们希望寻找一种将国家信用、社会资本、企业运作相结合的长期融资模式，使公租房投资具有更好的收益性、安全性和流动性，解决公租房融资面临的期限和吸引力问题。

本章借鉴房地产投资信托基金（REITs），提出只持有和管理公租房及配套商业地产的公共住房投资信托基金（public housing investment trusts，PHITs），这是产业投资基金的一种，市场化运作，将投资收益的 90% 分配给投资者，允许中央银行对其进行公开市场操作，增强 PHITs 市场的流动性，降低公共租赁住房的融资成本。

第一节　房地产投资信托基金简介

根据美国房地产投资信托协会（National Association of REITs，NAREIT）的定义，房地产投资信托基金（real estate investment trust，REIT）是一家公司，在多数情况下，运营未来能够产生收益的不动产，REIT 发行的有价证券主要是为不动产融资。在美国，成为 REIT 必须具备以下几个条件：一是公司由董事会或信托管理；二是公司的股份完全可以转让，即全流通；三是至少有 100 个股东，并且在缴税年最后半年 5 个或更少的股东持有不超过 50%的股份；四是 REIT 必须至少 75%的资产投资房地产，并且至少 75%的收入来自于不动产租金或不动产抵押贷款的利息；五是持有 REIT 子公司的股票不超过资产的 25%；六是至少 90%的税前收益向股东分红派息。

1960 年，美国通过《房地产投资信托法案》，将 REITs 定义为投资者能够购买用于投资大规模、收益性房地产的流动性证券，目的在于汇集多数投资人的资金，用于大规模的收益型商业房地产计划，该法案的出台鼓励中小投资者分享商业地产的经营收益和物业价值上升。1965 年，第一只 REIT 在纽约交易所上市。1986 年，《税收改革法案》允许 REITs 直接拥有和经营房地产，而不必交由第三方管理；允许满足一定条件的 REITs 免征所得税和资本利得税。20 世纪 90 年代，

REITs 获得迅猛发展。2001 年，REITs 包含在 S&P500 中，体现了 REITs 在经济中的重要地位和分散投资组合的作用。

截至 2012 年年底，美国有超过 300 家上市的 REITs，其中，160 家 REITs 在纽约证券交易所上市，还有 REITs 在美国证券交易所和纳斯达克上市。REITs 对不动产的相关行业进行了高度垂直整合，综合了上游的物业开发、中游的物业经营和下游的资本运作与资产管理。目前，REITs 的投资领域包括酒店、公寓、写字楼、购物中心、医疗中心、工业厂房、高尔夫球场、电影院、停车场等可以产生稳定收益的成熟物业，如图 7.1 所示。一些 REITs 会对不同地区、不同类型的房地产项目进行组合投资，全美 REITs 持有的不动产价值超过 1 万亿美元（NAREIT，2013）。

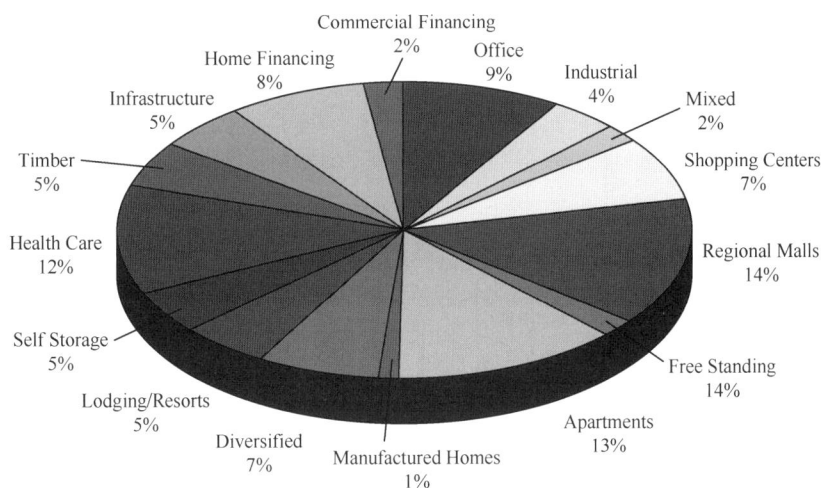

图 7.1　美国 REITs 的投资对象（2013 年 1 月 11 日上市的 REITs）

资料来源：NAREIT

根据投资业务及收入模式的不同，REITs 可划分为权益型 REITs、抵押型 REITs 和混合型 REITs。权益型 REITs 是以持有并运作房地产项目为目的，其收入来源主要是租金收入和转让所得。截至 2013 年 1 月底，权益型 REITs 占美国上市 REITs 的 90%。抵押型 REITs，通常向房地产开发商或有意购买物业的抵押人提供贷款，或者通过购买抵押贷款或抵押贷款支持证券提供间接借贷，抵押型 REITs 的主要收益来源为利息收入，风险较低，但是收益性比权益型 REITs 差。混合性 REITs 兼有权益型 REITs 和抵押型 REITs 的特点。

REITs 的投资收益主要来自两部分：一是股息收入，主要来源于租金收入，REITs 获得的租金相对稳定，租金增长能够长期高于通胀率；二是资本利得，主要来源于净资产增值，REITs 价格随着房地产价格及资本市场价格波动而波动。

由图 7.2 可知，1972～2012 年，REITs 的年平均收益率是 13.76%，其中，年平均
股息收益率是 8.09%，也就是说，REITs 总收益中近 60%的部分来源于股息收入。

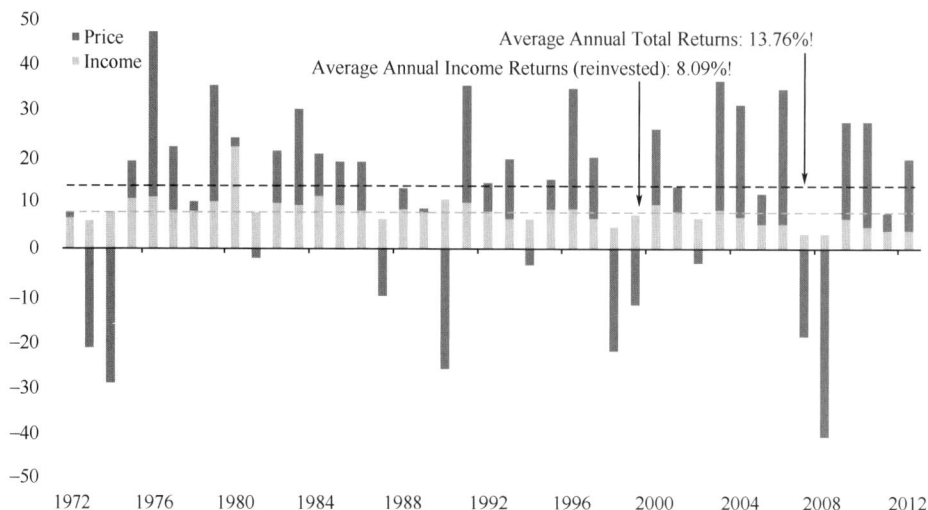

Source: FTSE™ NAREIT®

图 7.2　1972～2012 年 REITs 的收益构成

资料来源：NAREIT

　　即使在 2007～2008 年金融危机期间，房地产泡沫破灭，REITs 持有的不动产
资产净值下降导致 REITs 股价下跌，REITs 也依然保持 3%的分红比例（NAREIT，
2013）。其原因是，次贷危机使成千上万的美国人无力供房，他们或因为房价低于
买价而放弃供房。失去房屋的人只能选择租住公寓，而公寓面积小，有些物品需
要存放在租来的储藏室里，因此持有公寓和储藏室物业的 REITs 在金融危机后的
几年仍保持较高的收益率。2009 年 6 月至 2012 年 6 月，公寓 REITs（NAREIT Apt
Total）的收益率为 40.98%，高于其他类型 REITs 的收益率，工业（NAREIT Ind
Total）、写字楼（NAREIT Off Total）、购物中心（NAREIT Shopping Center）等三
类 REITs 的收益率分别为 26.41%、27.65%、26.71%（NCREIF，2012）。REITs
稳定、较高的收益吸引了超过 5000 万美国人通过 401（k）[①]计划投资 REITs，这
些人包括教师、消防员、退休者和企业经理（NAREIT，2013）。

　　REITs 主要具有以下四点投资优势：一是较高的流动性，REITs 在所有美国
的主要股票交易所交易，投资者购买或出售 REITs 像买卖其他上市公司的股票一
样容易；二是持有人长期持有，可获得相对较高的收益，与其他股票持有人一样，

---

　　① 401（k）计划始于 20 世纪 80 年代初，是一种由雇员、雇主共同缴费建立起来的完全基金式的养老保险
制度，是指美国 1978 年《国内税收法》新增的第 401 条 k 项条款的规定。

REITs 持有者可获得分红收入和 REITs 增值收益；三是公司监管和信息披露，公开上市交易的 REITs 和所有公募公司一样，受到相同的公司监管，并且必须定期（季、年）进行信息披露；四是股东无负债义务，投资者对 REITs 的负债没有义务。

与国内房地产信托主要发挥开发融资的功能不同，国外大多数 REITs 由开发商通过物业转型而来，较少从事房地产开发，主要从事商业地产后期的运营与管理。本书在第三章介绍，香港领汇房地产投资信托基金（The Link REIT）将公屋及与廉租房配套的商业物业（商场、车库等）绑定在一起，通过发行 REITs 为房委会后续的公屋建设和公屋后期运营管理融资。

第二节　发展公共住房投资信托基金

公租房未来会产生相对稳定的租金收益，因此可以进行证券化融资。林左鸣和闫妍（2012）建议，我国可以在区域或全国性中心城市继续维持现行住房"限购"政策的同时，将公租房的所有权和居住权相分离，将部分希望投资房地产的资金，引向公租房产权交易市场。鉴于单套公租房的产权金额较大，为了提高公租房建设和收购资金来源的广泛性和市场流动性，建议仿照 REITs，成立公共住房投资信托基金（Public Housing Investment Trusts，PHITs），将融来的资金投资并长期持有公共租赁住房，公司从公租房运营中获得的净租金收益，用于支付 PHITs 投资者的股息（林左鸣和闫妍，2013）。

一、PHITs 的基本结构

假定期初某支公共住房投资信托基金（PHIT）[①]持有的公租房资产价值是 10 亿元，平均分为 1000 万份，则每个基金份额为 100 元，日后 PHIT 持有资产每年获得的租金收益（包括公租房居民支付租金和政府补贴）在扣除运营成本后，平均分为 1000 万份，为 PHITs 证券持有者分红。PHITs 的基本结构、涉及的主要经济体及其之间的关系如图 7.3 所示。

第一，公共住房投资信托基金（PHITs）通过建设或购买，持有公共租赁住房的物业资产，并负责后期运营、维护和管理，公共住房的产业投资基金 PHITs 以公租房未来收益权为基础资产发行 PHITs 有价证券；

第二，PHITs 的股息收益来自于公租房承租人支付的租金和政府对部分低收入承租人的补贴，政府对 PHITs 给予税收优惠；

---

① 如果是一支公共住房投资信托基金，用单数"PHIT"；如果是表示公共住房投资信托基金这个行业或公共住房投资信托基金发行的大量有价证券，用复数"PHITs"。

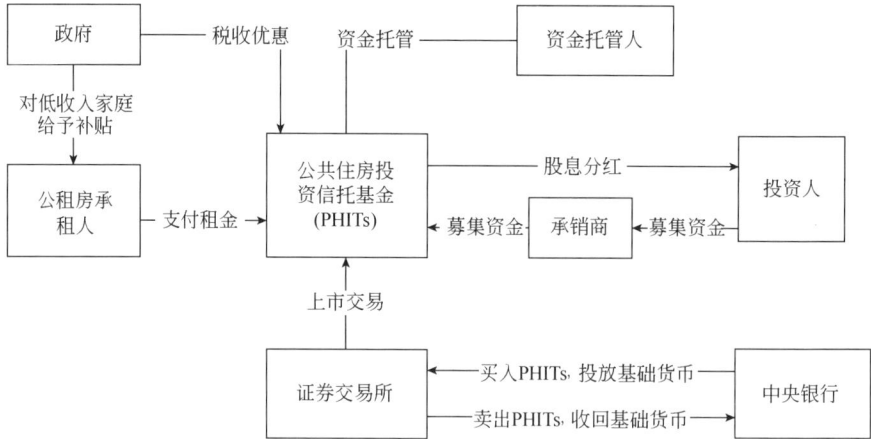

图 7.3　PHITs 涉及的主要经济体之间的关系

注：图中"→"方向为货币流动方向

第三，PHITs 在证券交易所上市交易，上市之初，由承销商承销基金份额，投资者可以购买 PHITs 股权，并按期获得股息分红收益，资金托管人负责 PHITs 募集资金和租金收益的资金托管；

第四，中央银行可以在证券交易所对 PHITs 进行公开市场操作，如果买入 PHITs，相当于投放基础货币，如果卖出 PHITs，相当于回笼基础货币。

目前，公租房的土地多为地方政府无偿划拨，这也是地方政府缺乏建设公租房积极性的原因。地方政府可以以土地作价（当然要适当优惠）、折价入股公共住房投资信托基金（PHITs），未来分期获得来源于公租房租金的股息收益，这样可以在未来分期弥补地方政府土地出让金收益的暂时损失，同时也可逐步摆脱对一次性土地财政的过度依赖。

二、PHITs 的安全性、收益性和流动性

PHITs 份额有些类似于债券，如何保证 PHITs 的安全性、收益性和流动性，使 PHITs 对投资者有吸引力？这方面我们可以借鉴美国为住房抵押贷款市场融资的机构 MBS。在分析 PHITs 之前，我们先来看一下机构 MBS 能实现较好的安全性、收益性和流动性的三条保障。

一是安全性。机构 MBS 的信用评级为 AAA 级，与美国国债信用评级相同。机构 MBS 是指由 Fannie Mae、Freddie Mac、Ginnie Mae 担保发行的证券，其中，Fannie Mae、Freddie Mac 最早是政府发起的机构，现在是国有机构；Ginnie Mae 一直是联邦政府机构。即使住房抵押贷款还款人违约了，三家机构负责偿还损失的部分，投资者的收益可以得到保证，可见，"政府担保"是住房市场能够以较低利率融资的重要保障。

　　二是收益性。Fannie Mae、Freddie Mac、Ginnie Mae 在选择机构 MBS 的基础资产池时只选择"合规贷款","合规贷款"中的住房总价、贷款比例都有一定限制，也就是说，三家机构选择的资产池违约率较低，预计未来可以获得相对稳定的现金流，使 MBS 的收益有保障。

　　三是流动性。在美国债券市场，MBS 的未偿还余额仅次于国债，交易量大，流动性强。在 2008 年金融危机后，虽然美国整体流动性紧张，但是机构 MBS 的流动性仍然较好，这是因为美联储自 2008 年 11 月第一轮量化宽松货币政策实施以来，一直在公开市场操作中买入机构 MBS，直接向住房抵押贷款市场注入流动性。

　　综上所述，笔者认为，PHITs 的信用等级也应该为 AAA 级，年收益率高于同期国债收益率，只有这样，才会对机构投资者、长期投资者有吸引力。为了保证 PHITs 的安全性、收益性和流动性，产品在最初设计时应该有以下几点考虑。

　　一是安全性，PHITs 持有的资产应为未来能够产生稳定现金流的优质公租房资产及配套商业设施，目前有些公租房因位置偏远而空置，这部分公租房不能被 PHITs 持有，因为这部分公租房不能产生稳定的现金流。PHITs 的发展也会促使公租房在交通便利、配套资源较好的位置选址。

　　二是收益性，地方财政对公租房租金与租户可承受租金之间的差额进行补贴，这部分在本章第三节关于"预期收益率对租金定价影响"的部分会有所考虑，从而保障公租房的预期收益相对稳定。

　　三是流动性，PHITs 可以上市交易（公募），允许中央银行对其进行公开市场操作，这样操作的原因和可行性会在"第八章"进一步论述。

　　根据本书第二章对全国部分公租房的调研，我们认为，PHITs 是代表投资人持有公租房资产，投资人希望从中获得稳定的收益，而位置差、空置率高的公租房显然不应该纳入 PHITs 的投资组合中，否则收益将无法保证。PHITs 应该在现有的公租房中选择位置好、入住率高的公租房，如深圳市南山区桃苑小区、北京市远洋沁山水公租房，只有这样才能保证投资者的收益。PHITs 愿意持有质量好、位置好的公租房，反过来也会促使地方政府在新建公租房时注重位置的选择和较好的质量，否则公租房资产无法证券化，这就会对地方政府造成长期的财政负担。

　　公共住房投资信托基金（PHITs）一旦上市交易，将为限购人群（同时也包括非限购人群）增加房地产投资的渠道，获得公租房的租金收益。PHITs 的出现将疏导和抑制资金挤入房地产现货市场进行直接的房地产投机。公租房的租金收益相当于债券的息票收益，其固定收益证券的特征将吸引养老基金、社保基金等长期投资者的参与。当经济不景气、房价下跌时，中央银行通过在公开市场买入 PHITs，维持 PHITs 价格稳定，其实质是"买入资产、投放基础货币"，可以达到补充金融市场流动性的目的。而一旦出现经济过热、流动性过大、房价上涨速度过快，引领了 CPI 上涨时，政府可加大投放 PHITs 的力度，吸收流动性、平抑物价。

第三节　公共租赁住房的预期收益及定价问题

由于公共住房投资信托基金（PHITs）的收益来源主要是其持有公租房资产的租金收益，因此我们在这部分将重点分析公租房租金的影响因素，并建立租金定价模型。前文对世界部分发达国家（地区）的公共住房融资模式进行研究时发现，多数国家都是用收益还原法，根据净成本核算公共住房的租金价格。

闫妍和成思危（2008）指出，商品住房价格由四部分构成，包括：土地费用、建筑安装工程费、应交税费和开发商利润。目前，公租房的土地由政府无偿划拨、免税费，开发商微利，公租房的价格构成中最主要的是建筑安装工程费。我们假定公租房未来的预期收益折现能够抵补期初的投资成本，根据房地产评估中的收益还原法计算公租房未来的租金。收益还原法是指，预计估价对象未来的正常纯收益，选用适当的还原利率将其折现到估价时点后累加，以此估算估价对象的客观合理的价格的方法（赵财福和赵小红，2004）。

公租房在定价时需重点考虑的因素包括期初投资成本、投资回收期、投资的预期收益率、通货膨胀率、房屋出租率（或空置率）等。令 P 为期初投资成本；r 为年预期收益率；N 为投资回收期（单位为年）；CF 为公租房的月租金，包含房租和物业费；W 为每月用于维持社区正常运营的成本，即物业费。如果在设定的资金回收期内，月租金持续不变，则：

$$P = \frac{(CF-W)}{(1+r/12)} + \frac{(CF-W)}{(1+r/12)^2} + \cdots + \frac{(CF-W)}{(1+r/12)^{12N}}$$

$$CF = \frac{r/12 \times P}{1-1/(1+r/12)^{12N}} + W \tag{7.1}$$

如果在设定的投资回收期内，房租和物业费每年调整一次，公租房的房租和物业费的上涨幅度与当年物价水平（CPI）一致，令通货膨胀率为 λ；为了简化计算，令折现率 $q = 1/(1+r/12)$；CF_i 为第 i 个月的公租房租金；W_i 为第 i 个月用于维持社区正常运营的成本；α 为公租房的出租率，则：

$$P/\alpha = (CF_1-W_1)q + \cdots + (CF_1-W_1)q^{12} + (CF_1-W_1)(1+\lambda)q^{13} + \cdots + (CF_1-W_1)(1+\lambda)q^{25} + \cdots$$
$$+ (CF_1-W_1)(1+\lambda)^{N-1}q^{12(N-1)+1} + \cdots + (CF_1-W_1)(1+\lambda)^{N-1}q^{12N}$$

得到：

$$P/\alpha = (CF_1 - W_1) \times \frac{q(1-q^{12})}{1-q} \times \frac{1-[(1+\lambda)q^{12}]^N}{1-(1+\lambda)q^{12}}$$

第一年月租金为，　$CF_1 = \frac{P(1-q)}{\alpha \cdot q(1-q^{12})} \cdot \frac{1-(1+\lambda)q^{12}}{1-[(1+\lambda)q^{12}]^N} + W_1$

第二年月租金为，　　　$CF_{13} = \cdots = CF_{25} = CF_1(1+\lambda)$　　　　　（7.2）

第 i 年月租金为，　$CF_{12(i-1)+1} = \cdots = CF_{12i} = CF_1(1+\lambda)^{i-1}$

1. 影响因素一：期初投资成本

假定每套公租房为 50 平方米，预期收益率为 6%，未来物业费平均为 2 元/平方米·月，分别假定资金回收期为 20 年、30 年、50 年，每月租户支付的房租不变，房屋出租率为 100%，则随着公租房投资成本的变动，由式（7.1）计算得到每月最低应收租金。

表 7.1 和图 7.4 显示了在期初投资成本变动的情况下，如果公租房的投资回收期为 20 年、30 年、50 年，则每月的应收租金为多少。公租房的合理回收期应该在 20～50 年，因此每月公租房的应收租金应该在图 7.3 中"50 年_月租金"和"20年_月租金"之间。后文将资金回收期设定为 30 年。

表 7.1　在建筑成本变动的情况下公租房每月的应收租金

建筑成本 /(元/米²)	总成本 /元	利率	回收期：20 年		回收期：30 年		回收期：50 年	
			期限/月	月租金 /(元/月)	期限/月	月租金 /(元/月)	期限/月	月租金 /(元/月)
6 000	300 000	6%	240	2 249	360	1 899	600	1 679
5 500	275 000	6%	240	2 070	360	1 749	600	1 548
5 000	250 000	6%	240	1 891	360	1 599	600	1 416
4 500	225 000	6%	240	1 712	360	1 449	600	1 284
4 000	200 000	6%	240	1 533	360	1 299	600	1 153
3 500	175 000	6%	240	1 354	360	1 149	600	1 021
3 000	150 000	6%	240	1 175	360	999	600	890
2 500	125 000	6%	240	996	360	849	600	758
2 000	100 000	6%	240	816	360	700	600	626
1 500	75 000	6%	240	637	360	550	600	495
1 000	50 000	6%	240	458	360	400	600	363

2. 影响因素二：预期收益率

假定每套公租房为 50 平方米，未来物业费平均为 2 元/平方米·月，资金回收期为 30 年，每月租户支付的租金不变，预期收益率从 3%变动到 8%，每次增加0.5%，房屋出租率为 100%，则随着期初投资成本的变动，由公式（7.1）计算得到公租房每月最低的应收租金，如图 7.5 所示。

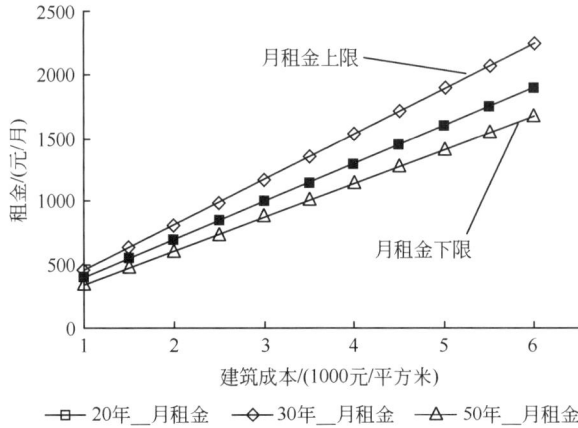

图 7.4　在建筑成本变动的情况下每月公租房的应收租金

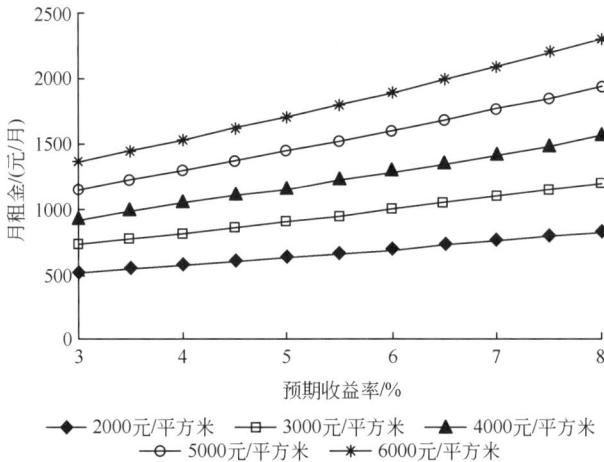

图 7.5　在不同预期收益率下公租房的月租金

注：图中五条线分别为期初投资成本

由图 7.5 可知，当预期收益率相同时，期初的投资成本越高，则月租金越高；当期初投资成本相同时，随着预期收益率上升，月租金不断上升。

当公租房的实际出租率较低，或多数租户无法按时交纳租金时，为了保证 PHITs 投资者的收益，建议为 PHITs 设定投资收益率下限，根据式（7.1）计算得到由收益率下限决定的月租金下限，政府将对每月租金收入不足的部分给予财政补贴，如将投资收益率下限设定为一年期存款利率 3%，根据式（7.1）计算得到由收益率下限决定的分摊到每平方米的月租金下限，如果公租房的实际收益率只有 2.8%，那么政府需补贴租金的差额部分，如表 7.2 所示。

表7.2　公租房的月租金下限与政府补贴　　　　　（单位：元/月·米²）

项目	期初投资成本				
	2000 元/米²	3000 元/米²	4000 元/米²	5000 元/米²	6000 元/米²
月租金下限（$r=3\%$）	522	732	943	1154	1365
实际租金收入（$r=2.8\%$）	511	716	922	1127	1333
政府补贴差额部分	11	16	21	27	32

3. 影响因素三：通货膨胀率

假定每套公租房为 50 平方米，预期收益率为 6%，未来物业费平均为 2 元/米²·月，资金回收期为 30 年，房租每年调整一次，调整幅度与上年物价水平（CPI）相当，房屋出租率为 100%，如果期初投资成本为 4000 元/米²，在长期平均通胀率分别为 2%和 3%的情况下，根据公式（7.2）计算每月应收租金，如图 7.6 所示。

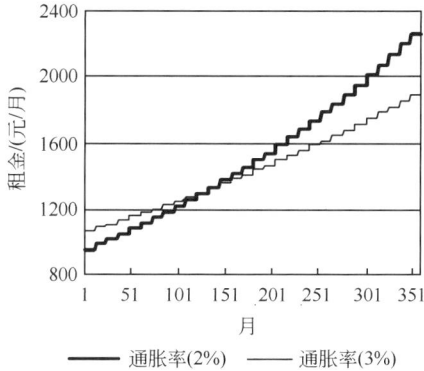

图 7.6　月租金涨幅与通货膨胀率挂钩的每月租金

当长期通胀率预期较高时，前期月租金比低水平通胀率时要低，月租金随着通胀率增加速度较快。当长期通货膨胀率为 3%时，在设定情况下，50 平方米公租房月租金的波动范围在 960～2263 元/月。而当长期通货膨胀率为 2%时，50 平方米公租房月租金的波动范围在 1066～1893 元/月，波动范围较小。

在这里我们考虑了 PHITs 投资的公租房租金价格随 CPI 变化而调整，实际上如前所述，政府也可以通过一些政策规定，通过公租房租金的定价对 CPI 的预期进行逆向调整，达到抑制通胀的目的。

4. 影响因素四：房屋出租率

假定每套公租房为 50 平方米，预期收益率为 6%，未来物业费平均为 2 元/平方米·月，资金回收期为 30 年，房租每年调整一次，调整幅度与上年物价水平

（CPI）相当，如果期初投资成本为 4000 元/平方米，长期平均通胀率为 3%，当房屋出租率别为 85%、90%、95% 和 100% 时，根据式（7.2）计算得到每月应收租金，如图 7.7 所示。

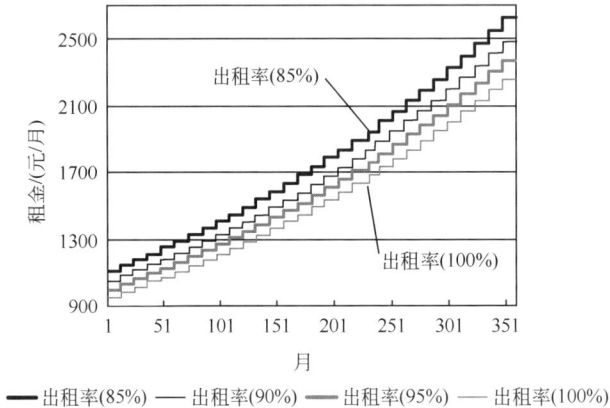

图 7.7　不同出租率下公租房的月租金

由图 7.7 可知，在预期收益率一定的情况下，出租率越高，每个租户分摊的月租金就越低。在实际给公租房进行租金定价时，可首先预测并设定公租房的出租率。一般来说，由于公共住房投资信托基金（PHITs）将长期持有公租房资产，因此在收购或新建公租房时，会考虑公租房的位置，位置好的公租房在未来的出租率会比较高。如果在给公租房的月租金定价时，设定出租率为 90%，那么当公租房的出租率高于 90% 时，PHITs 投资者的实际收益率将高于期初设定的预期收益率；反之，当公租房的出租率低于 90% 时，PHITs 投资者的实际收益率将低于期初设定的预期收益率。

本 章 小 结

本章借鉴 REITs 和机构 MBS，提出将公租房资产进行证券化，建立公共住房投资信托基金（PHITs），发行基金份额 PHITs，其优点是可以将融资"化整为零"，降低后的投资准入门槛可以使更多的投资者能够参与以公租房为基础资产的 PHITs 投资，并且国家无需建立新的公租房产权交易中心，依托现有的上海证券交易所或深圳证券交易所，即可完成 PHITs 的上线交易。

为了保障 PHITs 的安全性、收益性和流动性，本书建议：①PHITs 持有的资产应为未来能够产生稳定现金流的优质公租房资产及配套商业设施；②地方财政对公租房租金与租户可承受租金之间的差额进行补贴，保障公租房的预期收益相对稳定；③PHITs 上市交易进行公募，允许中央银行对其进行公开市场操作。笔者按照成本法，综合考虑期初投资成本、预期收益率、通货膨胀率、房屋出租率等影响租金的因素，对 PHITs 重要的收益来源——公租房租金进行了定价。

发展 PHITs 的意义主要有以下几点：

一是有助于扩大公租房的资金来源，使更多的投资者把分散的资金汇聚在一起，直接投资于公租房的建设和管理，PHITs 的收益相对稳定，发展 PHITs 可以吸引个人投资者、机构投资者，尤其养老基金、社保基金等长期投资者，参与公租房的投资；

二是有助于为地方政府的巨额债务负担解套，公共租赁住房期初投入高、投资回收期长等特点使地方政府在解决民生问题的同时，也承担了较高的债务压力，通过发展 PHITs 聚集社会的闲散资金参与公租房投资，可以减轻地方政府的财政负担；

三是可以拓宽投资渠道，我国可以继续维持现行对商品住房的限购政策，而放开发展公租房，"限购不限租"，也就是说，将部分希望投资房地产市场的资金，引入以公租房为基础资产的金融产品交易市场。

第八章 发展 PHITs 等资产证券化产品的战略意义

2014 年全年，我国国内生产总值（GDP）为 636463 亿元，截至 2014 年年底，我国广义货币供应量（M2）余额达到 122.8 万亿元，M2 是 GDP 的近 2 倍。2013 年 6 月至今，李克强总理多次提到"优化金融资源配置，用好增量、盘活存量""通过激活货币信贷存量支持实体经济发展"。关于如何"盘活存量货币""用好增量货币"，中央提出，推进资产证券化、直接融资和债务重组都是比较好的办法。2013 年 8 月 28 日，李克强总理主持召开国务院常务会议，决定进一步扩大信贷资产证券化试点。近两年，我国资产证券化类产品迅速发展。2016 年 1 月，中央国债登记结算有限责任公司《2015 年资产证券化发展报告》显示，2015 年全国共发行 1386 支资产证券化产品，总金额 5930.39 亿元，同比增长 79%。

笔者认为，中央银行购买资产证券化产品，相当于将新增货币投放到某些国家希望支持发展的领域，降低该领域的融资成本，使货币投放有的放矢，有助于**"用好增量货币"**。由于资产证券化产品的投资收益率高于同期的银行存款和国债，在引入国家信用担保、信用评级为 AAA 的情况下，可以吸引投资者的关注。居民购买资产证券化产品，在拓宽居民和企业投资渠道的同时，也可以将存量货币投入实际应用中，**"盘活存量货币"**。

2008 年金融危机后，美国和日本两个经济强国的中央银行先后买入 MBS、REITs 等房地产金融衍生品，并以此为资产支持投放基础货币，本书将透过这一国际公开市场操作的新动向，分析发达国家的公开市场操作工具创新对我国的启示。我们先简单介绍一下引领美国公开市场操作创新的 MBS。

第一节 住房抵押贷款支持证券简介

住房抵押贷款支持证券（mortgage-backed security，MBS）是一种资产证券化的房地产金融衍生品。在美国，住房抵押贷款的发起人包括商业银行、储蓄机构、房产抵押贷款银行、人寿保险公司和养老基金，他们将自己持有的流动性较差但具有未来现金收入流的住房抵押贷款汇聚重组为资产池，然后打包出售给特殊目的公司（special purpose vehicle，SPV），SPV 经过担保或信用增级后以证券形式出售给投资者。其中，Fannie Mae、Freddie Mac 和 Ginnie Mae 扮演 SPV 的角色，不直接为房屋购买者提供贷款，而是在美国二级市场上购买抵押贷款，并为抵押信贷提供担保，将这些住房抵押贷款证券化后出售给投资者，从而为抵押贷款发放者融资，为购房人提供资金。MBS 的基本流程如图 8.1 所示。

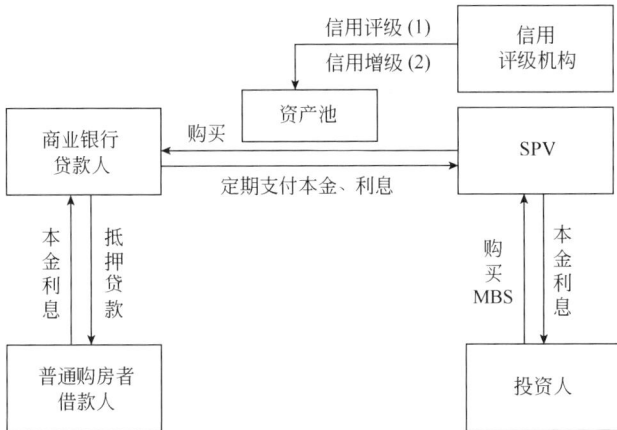

图 8.1　MBS 的基本流程图

研究 MBS 必然要提到美国 Fannie Mae、Freddie Mac 和 Ginnie Mae 的创立和发展，尤其 2008 年金融危机后美联储在公开市场操作中大量购入的"机构 MBS"，就是指由 Fannie Mae、Freddie Mac、Ginnie Mae 担保发行的证券。

一、Fannie Mae、Freddie Mac 和 Ginnie Mae

20 世纪 30 年代，美国遭遇经济危机，由于缺乏抵押贷款资金的持续供给，美国有数百万家庭无法拥有自己的住房，或者面临失去住房的风险。为了促进经济发展，刺激消费，解决美国普通民众的基本住房需求，1983 年 2 月，美国政府成立房利美公司（Federal National Mortgage Association，联邦抵押贷款协会），Fannie Mae 旨在通过为房屋消费市场提供低成本房贷资金和担保，增加抵押贷款资金的流动性，降低购房成本，帮助中低收入美国人购买住房。

1970 年，为了终止 Fannie Mae 的绝对垄断地位，在抵押贷款二级市场形成竞争格局，美国国会特许设立了另一家私人持股公司——Federal Home Loan Mortgage Corporation（联邦住房抵押贷款公司），Freddie Mac 成立的宗旨、资产业务及盈利方式与 Fannie Mae 相同。

Ginnie Mae 是一家美国政府机构，GNMA 担保发行的 MBS 与美国国债一样具有最高的 AAA 信用等级，因为 GNMA 证券有美国政府的完全承诺和信用作为支持。通过全世界为美国住房市场筹集资金，帮助美国中低收入家庭购房。GNMA 证券的基础资产是由联邦住宅管理局（FHA）保险或由退伍军人管理局（VA）担保的住房抵押贷款,这些计划中的借款人迁居的可能性通常比非 FHA 或 VA 借款人更低,因此 GNMA 贷款的提前还款比传统贷款更为缓慢和稳定(闫妍等,2011)。

由图 8.2 可知,1998～2006 年 2 季度,美国房价一直处于上升通道,尤其是 2004 年以后,美国房价持续保持与去年同期相比 9%～14%的上涨幅度,直到 2006 年下半年,房价涨幅逐渐放缓。房地产市场不景气,Fannie Mae 和 Freddie Mac 利润增幅明显放缓,两家机构开始开发高风险的次级贷款市场,仅 2006 年上半年,Fannie Mae 的次级贷款在其总资产中的比例高达 15%。2007 年第 3 季度后,美国房价大幅下跌,次级住房抵押贷款市场发生了巨大的动荡,Fannie Mae 和 Freddie Mac 都出现了巨额亏损。由于担心两家公司破产对美国金融市场和整体经济造成严重冲击,2008 年 9 月 7 日,美国政府宣布接管濒临破产的 Fannie Mae 和 Freddie Mac(闫妍等,2011)。

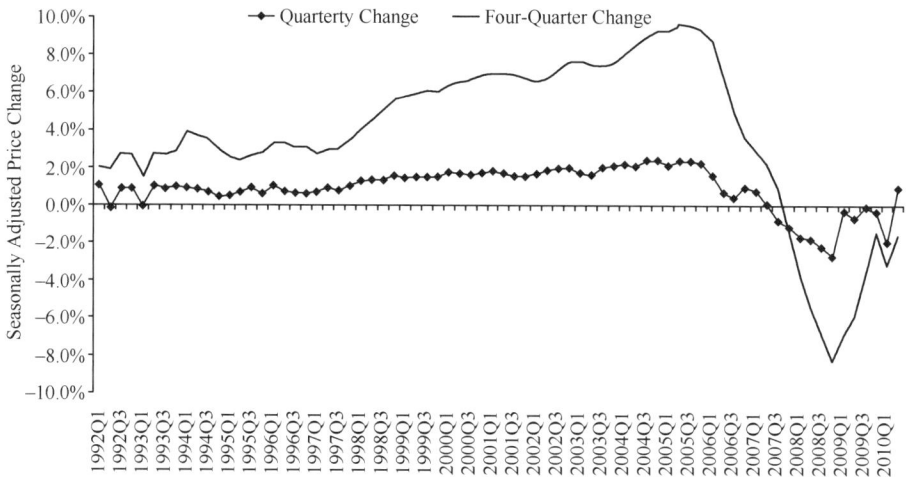

图 8.2　美国住房价格指数(Federal Housing Finance Agency,2010)

二、MBS 的分类

MBS 按发起人可分为机构 MBS 和非机构 MBS,其中,机构 MBS 是指由 Fannie Mae、Freddie Mac、Ginnie Mae 担保发行的证券,这三家机构只接受低于一定限额的房产抵押贷款,被称为是"合规抵押贷款"(conforming mortgage)。由图 8.3 可知,三家机构接受的合规(conforming)抵押贷款与 10 年期国债收益率的利差持续低于不合规(jumbo)抵押贷款与 10 年期国债收益率的利差,合规贷款利率在金融危机期间相对稳定。2008 年金融危机后,非机构 MBS 发行额大幅下降(图 8.4),2013 年 3 季度,机构 MBS 发行额占 MBS 总发行额 97.1%(SIFMA,2012,2013)。

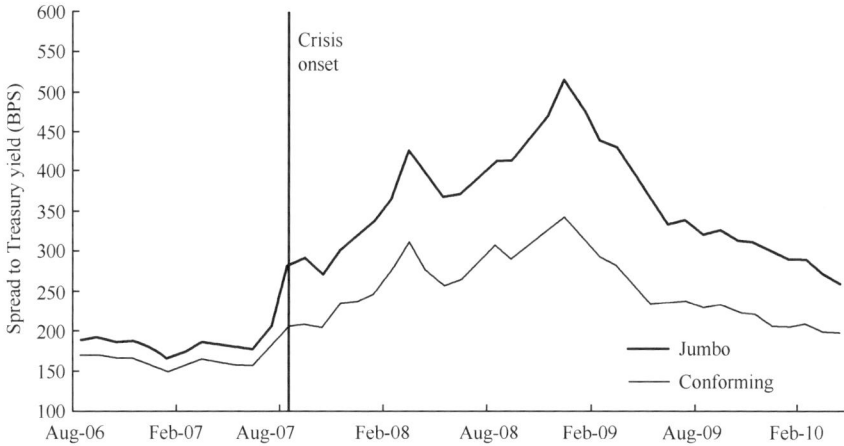

图 8.3　合规抵押贷款利率及不合规抵押贷款与 10 年期国债收益率的利差

资料来源：Vickery and Wright，2010

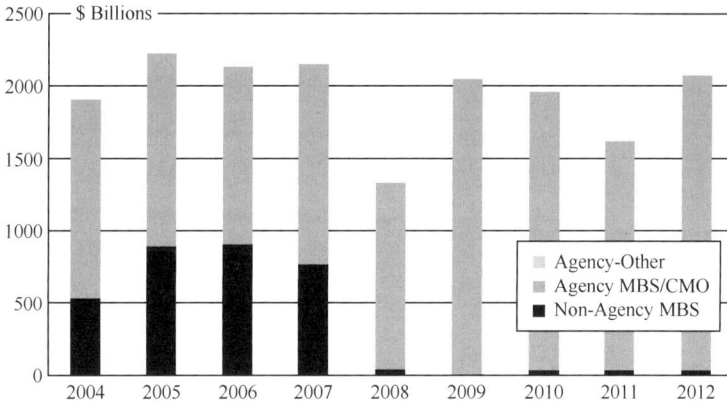

图 8.4　美国 MBS 发行额

资料来源：SIFMA，2012

　　机构 MBS 主要在 TBA（to-be-announced）市场进行交易，TBA 交易是远期交易。TBA 交易双方对于在未来特定时间、以约定价格、交易一定数量的机构 MBS 达成协议。TBA 交易是建立在"同质"的基本假设上，交割的抵押贷款池是可替代的，实际交割资产池的数量和细节在期初交易时并不知道，通常"理性投资者"预期会收到低于证券平均值的证券。TBA 交易中"最便宜交割证券"的制度设计借鉴国债期货交易，在结算日，卖方选择满足交易条款的、最便宜的 MBS 在 TBA 交易中出售给买方。TBA 市场将具有不同违约率和提前还款特征的抵押贷款转化为具有替代性、流动性更强的固定收益证券，从而避免了"逆向选择"风险，同时降低了在 TBA 市场交易的机构 MBS 价格的波动性（Vickery and Wright，2010）。

按基础资产划分，MBS 可分为住宅抵押贷款支持证券（residential mortga-gebacked security，RMBS）和商用房产抵押贷款证券（commercial mortgagebacked security，CMBS），其中，RMBS 的基础资产为居民住房抵押贷款，CMBS 的基础资产为商用房抵押贷款。

按现金流划分，MBS 可分为过手证券（pass-through MBS）和担保抵押债券 CMO（collateralized mortgage obligations）。其中，过手证券资产池产生的现金流不经过分层组合、原原本本地支付给投资者。担保抵押债券是一种分级偿还的房产抵押贷款证券，这种结构使发行者能够根据投资者的息票、期限和提前还款风险要求量体设计房产抵押贷款证券。CMO 中包括多种类型，如顺序 CMO、计划本金摊还证券（PAC）、随附证券、浮息 CMO、到期日确定的 CMO、Z 债券等，详见 Fabozzi（2003）出版的《房产抵押贷款证券手册》。

第二节　美日买入 MBS 和 REITs 的货币政策创新

20 世纪 70 年代布雷顿森林体系解体后，美国、日本等发达国家主要是通过在公开市场操作中买入国债投放基础货币，即世界强势货币的发行基础是本国国债。经典的《货币金融学》《宏观经济学》教材在介绍中央银行的公开市场操作时都指出，美联储实施公开市场操作的对象是美国国债和政府机构债券，尤其是国库券，因为美国国债市场的流动性最强、交易规模最大，却从没有提到过 MBS 等与住房相关的金融资产。但是在实践中，美联储已经在公开市场操作中大量买入除国债以外的其他金融资产。

一、美联储实施 LSAPs 买入 MBS

2008 年金融危机后，美联储实施大规模资产购置计划（large-scale asset purchases，LSAPs）。2008 年 11 月，美联储宣布购买与住房相关的政府发起机构——房利美、房地美和联邦住房贷款银行的直接债务，以及由房利美、房地美和政府国民抵押协会担保发行的机构 MBS，总额达到 6000 亿美元（Federal Reserve，2008）。2009 年 3 月，联邦公开市场操作委员会（FOMC）决定扩大 LSAPs 的规模，将机构 MBS 的买入规模提高至 1.25 万亿美元。近年来，美联储主要在 TBA 市场购买信用评级为 AAA 级、30 年期、低息的机构 MBS（Greenwood and Vayanos，2010）。

由图 8.5 可知，自 2008 年年底开始，美联储持有的 MBS 资产几乎是从无到有，持续大幅增加，美联储买入 MBS，相当于以 MBS 为基础资产发行货币，这部分新投放的基础货币直接为美国的住房市场融资。而在此前，美联储的资产中国债占有最大的比例，其公开市场操作主要是通过买入国债投放基础货币。

Securities Held Outright $Billions

Weekly
—— U.S. Treasury Securities
- - - Federal Agency Debt Securities
— — Mortgage-Backed Securities

Note: On a settiernet basis rather than a commitment basis.

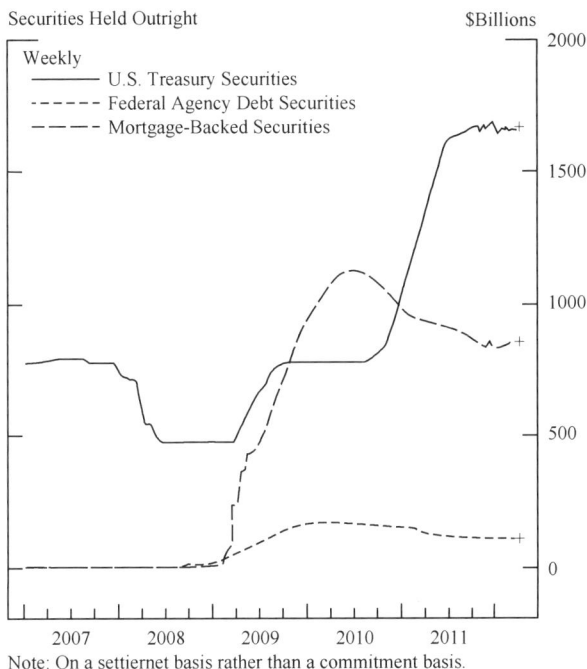

图 8.5 美联储持有的证券

资料来源：Federal Reserve System Monthly Report on Credit and
Liquidity Programs and the Balance Sheet（April，2012）

    LSAPs 只涉及几种资产，这相当于给了特定证券持有人保值的信心。D'Amico 和 King（2010）研究发现，LSAPs 购买证券的收益率比不购买证券的收益率下降更快，LSAPs 计划降低了中长期国债的收益率。D'Amico 和 King（2013）用固定偏好理论（preferred habitat theory）分析发现 LSAPs 计划导致长期债券的价格上升、收益率下降，降低了不同期限债券之间的期限价差。Gagnon 等（2011）用事件分析法得到，2008 年 11 月 24 日至 2010 年 3 月 31 日，30 年期机构 MBS 的收益率累计下跌幅度高于 2 年期国债、10 年期国债和 10 年期机构债，LSAPs 对机构 MBS 利率的直接影响较大。在 LSAPs 计划执行之初，机构债、MBS 与国债收益率的利差处于历史高位。利差高反映了流动性差，证券的流动性风险溢价较高。美联储购买有价证券的现金流相当于挽留了市场的流动性，降低了持有机构债和 MBS 的风险溢价（Gagnon et al.，2011；Chen et al.，2012）。

    美联储在公开市场操作中买入机构 MBS，MBS 价格上升，收益率下降，住房抵押贷款利率降低，购房融资成本下降，刺激了美国房地产市场的复苏，而房地产的产业链长，能带动几十个相关产业的发展，进而带动了美国整体经济的回暖，政府税收增加。而如果美国继续大量发行国债、美联储通过买入国债投放基础货币，国债需美国财政支付利息，则利息支出将增加美国财政支出，进一步恶化财政赤字。与买入国债相比，美联储通过买入 MBS 投放基础货币的优点是，可以"用好增量货币"，定向支持房地产市场的发展。

二、美联储在 QE3 中继续买入 MBS 的原因

2012 年 9 月 13 日，美联储推出第三轮量化宽松货币政策（QE3），宣布以每月 400 亿美元的额度购买更多机构 MBS，并把到期证券回笼资金继续用于购买机构 MBS（Board of Governors of the Federal Reserve System，2013）。在 QE3 的操作中，美联储采取了和第一轮量化宽松货币政策（QE1）大致相同的安排，主要用于收购 MBS。

显然，这是美联储基于 QE1 与 QE2 对宏观经济的影响，并对这种影响进行了充分比较评估以后作出的决策。2008 年 11 月，在 QE1 中，美联储主要购买与住房相关的政府发起机构的直接债务和机构 MBS，总额达到 6000 亿美元；2010 年 11 月，美联储在 QE2 中购买 6000 亿美元美国长期国债。下面，我们将通过对比 QE1（2008 年 11 月至 2010 年 3 月）和 QE2（2010 年 11 月至 2011 年 6 月）两个时间段内美国主要的宏观经济数据，比较 QE1 和 QE2 对美国经济复苏的影响。由表 8.1、图 8.6 和图 8.7 可以看出，QE1 对美国经济复苏的贡献大于 QE2。

表 8.1　QE1 和 QE2 对美国宏观经济数据的影响

项目	QE1	QE2
实施时间	2008.11～2010.3	2010.11～2011.6
公开市场操作	购买 6000 亿美元 MBS	购买 6000 亿美元国债
实际 GDP 增速（季度值）	−8.9%→2.3%	2.4%→2.5%
新增就业人数（月度值）	−71.4 万→17.1 万人	−135 万→−423 万人
CPI（月度值）	1.1%→2.3%	1.1%→3.5%

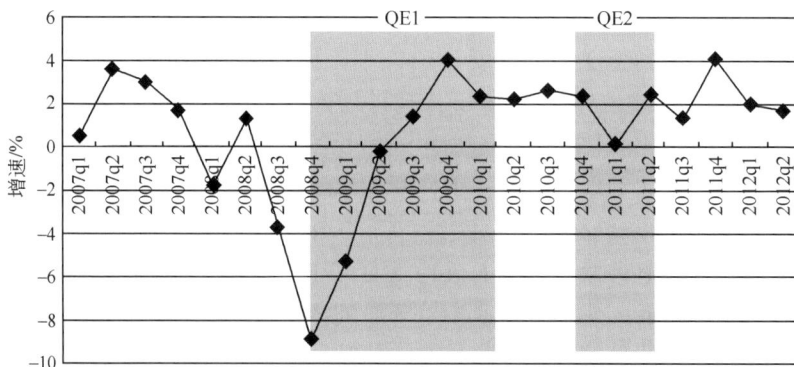

图 8.6　美国实际 GDP 增速（以 2005 年为基准值）

资料来源：WIND 数据库

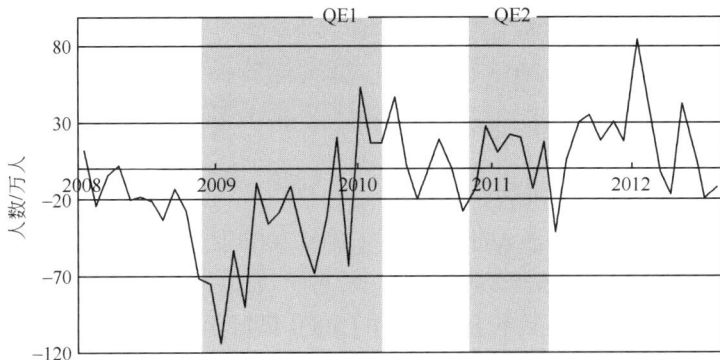

图 8.7　美国月新增就业人数

资料来源：WIND 数据库

由图 8.6 可知,QE1 实施后,最能反映美国宏观经济走势的指标——实际 GDP 增速从 2008 年四季度的谷底-8.9%迅速回升,于 2009 年四季度达到 4%,2010 年四个季度一直维持在 2%以上的水平。由图 8.7 可知,QE1 促进美国就业市场的复苏,在 QE1 实施期间(2008 年 11 月至 2010 年 3 月),美国月新增就业人数虽然有所波动,但整体呈现螺旋式上升趋势,由 2008 年年底、2009 年年初最多月减少 700～1100 个就业机会,到 2010 年 1 月实现月新增 532 个就业机会。

但是 QE2 实施后,美国实际 GDP 增速在 2011 年一季度只有 0.1%,虽然在第二季度反弹至 2.5%,但是随后又有所回落;月新增就业人数在 QE2 出台后也并未有显著改善,2011 年 4 月和 6 月,美国的新增就业机会甚至出现负增长。2011 年 8 月至 2012 年 2 月,美国就业市场稳定复苏,月平均新增就业人数 373 人,如果说这是量化宽松货币政策 QE2 的滞后影响,那我们说 QE1 相对于 QE2 对宏观经济和就业市场的影响更直接,市场对 QE1 的反应速度更快,QE1 刺激经济复苏的效果更好。其原因是,美联储购买 MBS 相当于直接向房地产市场注资,缓解个人住房抵押贷款市场的流动性不足,支持私人的购房计划,而房地产的产业链长,可以拉动上下游 60 多个行业的发展,房地产业的发展对宏观经济整体复苏的拉动作用明显。**经济数据表明,相对于国债,美联储对以住房为基础的金融债券进行公开市场操作对美国宏观经济的影响更为直接和有效。**

三、日本央行买入 REITs

2010 年 11 月 5 日,日本货币政策委员会宣布,日本央行每年买入超过 200 亿日元的日本房地产投资信托基金（J-REITs）,J-REITs 的信用等级必须在 AA 级以上（Bank of Japan,2010）。2012 年 10 月 30 日,日本货币政策委员会宣布,日本央行进一步推行积极的量化宽松货币政策,增加资产购置计划的规模,决定将计划的总规模提高 11 万亿日元,由 80 万亿日元提高至 91 万亿日元,目的是改善经济体（企业和家庭）所面对的金融市场环境，鼓励长期市场利率的下降和风险溢价的降低，银行计划在 2013 年年底完成新增资产的购买，《金融资产买入计划》包括：

（1）购买日本政府债（5 万亿日元）。

（2）日本国库券（5 万亿日元）。

（3）商业票据（Commercial Paper，CP）（1000 亿日元）。

（4）公司债（3000 亿日元）。

（5）交易型开放式指数基金（ETF）（5000 亿日元）。

（6）日本房地产信托投资基金（J-REITs）（100 亿日元）[①]。

2012 年，日本货币政策委员会五次决议，进一步推行量化宽松货币政策，扩大资产购置规模，每一次计划购置的资产都涉及 J-REITs。2013 年 5 月，日本央行宣布，每年 J-REITs 的持有额增加 300 亿日元（Bank of Japan，2013）。2013 年 6 月 15 日，路透社报道称，日本央行扩大了对 J-REITs 的购买规模，预计年底持有的 J-REITs 将超过 1400 亿日元（REUTERS，2013）。虽然 J-REITs 买入量在整体资产购置计划中所占比例较小，但这是日本央行首次对房地产相关金融产品进行公开市场操作。

日本的量化宽松货币政策是在日本经济持续低迷的背景下推出的，除了传统的买入日本国债以外，日本央行还尝试买入商业票据、企业债券、ETF 和 J-REITs，这些资产的购买相当于日本通过收购私人机构发行的有价证券，直接向股票市场注资，为房地产市场提供资金，通过购买公司债券、降低企业再融资成本，支持企业的发展，"定向投放货币、增加流动性"，以达到拉动经济发展的目的。

第三节　美联储买入住房证券化资产的理论基础

2001 年，现任美联储主席伯南克（Bernanke B.S.）在《美国经济评论》（*The American Economic Review*）上发表署名文章《中央银行是否应该对资产价格的变动有所反应》（*Should Central Banks Respond to Movements in Asset Prices*），提出房地产等资产价格在货币政策传导机制中起到重要作用，中央银行应对资产价格的变动予以重视。相关研究奠定了日后 Bernanke 作为美联储主席在公开市场操作中买入 MBS 这一房地产金融衍生品的理论基础。近 10 余年，很多国内外学者在相关领域进行了研究。

货币政策传导机制主要研究"货币供给量变动传导到产出、就业、价格以及通货膨胀变动的途径"（Samuelson and Nordhaus，2008）。下面，我们将通过回顾

[①] 资料来源：*Enhancement of Monetary Easing*（日本央行，2012-10-31）。

国内外学者在"货币政策对房价的影响"和"房价对物价的影响"两方面的研究成果，论述住房在货币政策传导机制中的重要作用。

一、货币政策对房价的影响

货币政策对房价的影响主要通过两条路径：利率途径和信贷途径。当利率变化时，房地产企业的投资成本与消费者的购买成本会发生变动，从而影响房地产市场的供求关系，造成房地产价格变动；信贷途径是指当中央银行运用货币政策工具改变基础货币供应量时，商业银行的信贷规模会受到影响，个人购房贷款及房地产企业开发贷款的可得性和规模将会发生变化，进而影响房地产价格。

在实证研究方面，Lastrapes（2002）利用 VAR 模型发现，货币供给对房屋价格及销售量产生正向冲击。Case 和 Shiller（2003）指出，当货币政策紧缩、利率提高时，房价走低，未来货币政策紧缩的预期会降低房价真实升值率的预期，从而提高当前的资金使用成本，导致住房需求和住宅开工量减少。Iacoviello 和 Minetti（2008）指出，负向的货币政策意味着银行将从房地产业撤走资金，提高利率、减少货币供给将降低房价，进而降低消费。我国学者丁晨和屠梅曾（2007）利用 VECM 模型实证检验了房价在货币政策传导机制中的作用，发现房价在货币政策传导机制中的作用显著，已经成为我国货币政策传导的重要途径。王松涛和刘洪玉（2009）认为，在广义货币供给量的正向冲击下，住房价格的最大正向响应出现在第一季度，紧缩的货币政策在预防房价泡沫、防止住房投资过度等方面发挥了积极作用。胡冉（2009）利用 VAR 方程及格兰杰因果关系检验得到，长期内我国货币供给量增加对商品房销售价格指数、商品房销售额及房地产投资额的正向影响均较为显著。

二、房价对物价的影响

近 10 多年来，各国中央银行都已关注到资产价格对物价的重要影响，美国和英国的央行致力于将部分资产价格包含在自己的物价监测体系之内。国内外学者应用托宾 Q 效应、财富效应、资产负债表效应、储蓄效应和租户收入效应等理论从不同角度研究房价与物价之间的关系（Mishkin，2007）。毫无疑义，把社会性财富标志作为市场中的一种重要商品，已经是从事货币理论研究的学者们再也不能回避的问题了。

Goodhart 和 Hofmann（2000）对 12 个国家的通货膨胀方程进行回归检验和估算，发现广义货币增长率、名义利率和房地产价格三个变量对通货膨胀有显著的解释力，资产价格特别是房地产价格有助于预测未来的通货膨胀。Goodhart（2001）指出，房地产价格变动与滞后的产出及通货膨胀之间的联系紧密。Anari 和 Kolari（2002）运用自回归分布滞后模型和递归回归模型得到，房价在长期可以稳定地对冲通货膨胀风险。O'Sullivan（2008）基于信号噪声比对通货膨胀进行信号提取，房价对反映通货膨胀的价格指数产生重要影响。我国学者王维安和贺聪（2005）利用无套利均衡定价原理发现，通货膨胀预期是名义利率、房地产预期收益率和市场波动性风险等经济变量的稳定函数，房地产预期收益率对通货膨胀预期的解释力很强。王婧文（2007）引入总供给和总需求的分析框架，考察房地产价格波动对企业投资决策、消费者行为选择以及金融中介信贷扩张和紧缩的影响，揭示房地产价格波动影响通货膨胀的机制和渠道。蔡晓春和罗江华（2008）利用中国 2000 年 1 月至 2007 年 11 月数据发现房价与通货膨胀之间存在长期均衡关系，且两者关系为正向。周其仁（2007）认为，任何通货膨胀都是货币问题。当货币泛滥时，首先推高房价和股价，然后带动关联行业价格上涨，最后才传到整个经济薄弱的环节——农产品及食品的价格上涨。

　　以上研究结论表明，房价对物价变化的影响确实十分显著，且两者的关系多为正相关。房价的上涨不但直接拉动建设房屋所需材料价格的上涨，实际上还引导配置于住房中的家具、电器、艺术装饰品等价格的上涨，很容易成为其他各种商品价格上涨的引爆点。

　　综上所述，当货币政策发生变化时，房价先于物价对货币政策有所反应。因此，维持房价稳定是实现货币政策最终目标——物价稳定的先决条件。**货币政策的操作工具（利率、货币供给）影响房价，而房价对货币政策的最终目标（经济增长、物价稳定）也有较大影响，因此货币政策应该关注房价。**

第四节　央行应增持 PHITs 等国内优质资产

　　2013 年 12 月，"中央经济工作会议"敏锐地提出"大国之间货币关系"的命题，这在人民币日渐"国际化"的今天显得尤为重要。世界主要交易货币的发行基础是什么？笔者研究的初步结论是：强势货币国家以本国债券（债务）为基础发行货币，其他国家以强势货币国家的货币或债券为基础发行货币。表 8.2～表 8.5 分别为中国、美国、欧元区和日本四国的中央银行在 2009～2013 年 10 月（12 月）的资产负债表，我们分析数额最大的"资产项目"占总资产的比例，得到以下结论。

　　（1）由表 8.2 可知，在中国人民银行的资产中，历年数量最高的都是外汇资产，外汇资产占总资产的比例为 81.5%～84.7%，而外汇资产中 60% 以上为美元资产[①]，即我国中央银行的资产中约 50% 为美元资产。也就是说，人民币赖以发行的基础资产主要是外汇资产，并且其中有一半为美元资产。

---

　　① 戴相龙在 2010《中国金融》上撰文，在中国外汇资产中，美元资产可能超过 60%；社科院世界政治与经济研究所国际金融研究室副主任、副研究员张斌提到，按照美国财政部和中国人民银行公布的数据显示，截至 2009 年年末，中国 21 316 亿美元的外汇储备中美元资产为 14 627 亿美元，占比达 68.6%。

（2）由表 8.3，在美联储的资产中，82.5%～93.3% 的资产为美国国家和机构发行的债券，也就是美联储最主要是以国债、联邦机构证券、MBS 为基础发行美元。

（3）由表 8.4，欧洲央行持有的"对欧元区信贷机构的贷款"和"持有欧元区有价证券"占总资产的比例为 52.7%～63.6%，如果再加上"黄金"，这三项资产占欧洲央行总资产的 67.9%～72.6%，这表明，欧元发行的基础主要是黄金、欧央行对欧元区信贷机构的贷款和欧元区有价证券。

（4）由表 8.5，2009～2012 年，日本央行持有的日本政府证券占总资产的比例不超过 70%，2013 年安倍晋三上台后，采取过度宽松的货币政策，希望使通货膨胀率达到 2%，日本央行大幅增持国债，投放日元，使日本政府证券占央行资产比例突然升至 81.5%。分析表明，日元发行的基础主要是日本政府证券。

表 8.2　中国人民银行资产负债表中的资产项　　　　（单位：亿元人民币）

资产项目	2009/12	2010/12	2011/12	2012/12	2013/10	2014/10
国外资产	185 333.00	215 419.60	237 898.06	241 416.90	266 047.16	278 622.85
外汇	175 154.59	206 766.71	232 388.73	236 669.93	258 043.26	270 681.33
货币黄金	669.84	669.84	669.84	669.84	669.84	669.84
其他国外资产	9 508.57	7 983.06	4 839.49	4 077.13	7 334.06	7 271.68
对政府债权	15 661.97	15 421.11	15 399.73	15 313.69	15 312.73	15 312.73
其中：中央政府	15 661.97	15 421.11	15 399.73	15 313.69	15 312.73	15 312.73
对其他存款性公司债权	7 161.92	9 485.70	10 247.54	16 701.08	15 543.31	24 985.27
对其他金融性公司债权	11 530.15	11 325.81	10 643.97	10 038.62	10 208.17	7 848.81
对非金融性部门债权	43.96	24.99	24.99	24.99	24.99	11.62
其他资产	7 804.03	7 597.67	6 763.31	11 041.91	7 380.94	11 467.50
总资产	227 535.02	259 274.89	280 977.60	294 537.19	314 517.30	338 248.79

资料来源：中国人民银行官方网站

表 8.3　美联储资产负债表中的资产项　　　　（单位：百万美元）

资产项目	2009/12	2010/12	2011/12	2012/12	2013/12	2014/12
1. 黄金	11 037	11 037	11 037	11 037	11 037	11 037
2. 特别提款权账户	5 200	5 200	5 200	5 200	5 200	5 200
3. 硬币	2 047	2 164	2 306	2 114	1 963	1 871
4. 证券，回购协议，定期拍卖贷款	2 010 339	2 200 787	2 622 464	2 660 884	3 959 914	4 436 634
4.1 证券持有	1 844 722	2 155 703	2 613 382	2 660 271	3 762 993	4 247 474
4.1.1 美国国债	776 587	1 016 102	1 672 092	1 656 930	2 208 829	2 461 420
4.1.2 联邦机构证券	159 879	147 460	103 994	76 783	57 221	38 677
4.1.3 MBS	908 257	992 141	837 295	926 558	1 496 943	1 747 377
4.2 直接持有证券未摊销溢价					209 102	207 466
4.3 直接持有证券未摊销折价					−12 372	−18 425

续表

资产项目	2009/12	2010/12	2011/12	2012/12	2013/12	2014/12
4.4 回购协议操作	0	0	0	0	0	
4.5 其他贷款	89 699	45 084	9 082	613	192	119
4.6 定期拍卖信用	75 918					1 678
5. Maiden Lane LLC 资产净额	26 667	26 974	7 228	1 412	1 541	
6. Maiden Lane II LLC 资产净额	15 697	16 197	9 281	61	63	
7. Maiden Lane III LLC 资产净额	22 660	23 142	17 739	22	22	
8. 持有的 TALF LLC 资产净额	298	665	811	856	109	
9. 对 AIA Aurora LLC 和 ALIC 优先权益	25 000	26 057				
10. 商业票据融资工具有限责任公司资产净额						
11. 托收中的款项	277	225	358	146	161	126
12. 银行房产	2 249	2 229	2 188	2 339	2 290	2 265
13. 中央银行流动性互换	10 272	75	99 823	8 889	273	30
14. 外汇资产					23 786	21 041
15. 其他资产	91 443	108 707	150 051	215 898	26 216	29 580
总资产	2 237 258	2 423 457	2 928 485	2 908 859	4 032 575	4 509 462

资料来源：美联储官方网站

表 8.4　欧洲央行资产负债表中的资产项　　（单位：百万欧元）

资产项目	2009/12	2010/12	2011/12	2012/12	2013/12	2014/12
1. 黄金	238 147	334 384	419 822	479 115	343 920	334 529
2. 对非欧元区居民的外币债权	191 909	220 176	236 826	258 034	243 969	266 084
2.1 从 IMF 应收款	61 354	70 236	83 513	89 006	82 700	28 654
2.2 在欧元区外的存款和证券投资	130 554	149 940	153 313	169 028	161 268	19 434
3. 对居民的外币债权	31 708	25 955	95 355	33 690	23 283	592 486
4. 对非居民的欧元债权	15 696	19 084	25 982	19 088	19 515	119 162
5. 对欧元区信贷机构的贷款	728 584	513 127	879 130	1 122 338	723 303	473 285
6. 对其他欧元区信贷机构债权	25 765	42 049	94 989	208 292	74 194	0
7. 持有欧元区有价证券	329 546	459 550	610 629	585 216	585 284	0
7.1 为货币政策持有的证券	28 504	134 484	273 041	276 807	235 412	39
7.2 其他证券	301 042	325 065	337 588	308 408	349 872	0
8. 欧元区内政府债务	36 188	34 969	33 928	30 008	28 326	58 687
9. 其他资产	254 921	276 859	336 574	275 419	245 739	587 519
总资产	1 852 463	1 926 154	2 733 235	3 011 200	2 287 531	216 901

资料来源：欧洲央行官方网站

表 8.5　日本央行资产负债表中的资产项　　　　　（单位：亿日元）

项目	2009/10/1	2010/12/1	2011/10/1	2012/10/1	2013/10/1	2014/12/1
黄金	4 412	4 412	4 412	4 412	4 412	4 412
现金	2 624	3 422	3 686	3 417	3 071	2 111
正回购协议	65 813	0	0	0	0	0
日本政府证券	709 965	767 382	812 042	1 075 530	1 755 632	2 504 394
商业票据	479	988	13 443	15 417	18 920	22 153
公司债券	2 460	1 021	12 549	28 754	31 587	32 229
财产信托（股票信托）	12 974	15 052	14 771	14 099	13 605	13 511
信托资产（指数挂钩交易所基金）		142	7 441	14 497	23 573	38 458
信托资产（房地产投资信托基金）		22	581	1 086	1 389	1 777
贷款及贴现票据	253 850	436 571	405 800	327 226	246 079	317 083
外币资产	55 444	52 495	49 568	48 348	51 895	60 328
代理商存款	233	1	142	58	64	
其他资产	5 741	5 591	5 415	4 468	4 909	5 643
总资产	1 114 000	1 287 104	1 329 858	1 537 316	2 155 142	3 002 117

资料来源：日本央行官方网站

　　综上所述，美元、日元、欧元发行的基础以本国资产为主，包括中央政府发行的国债、机构债、对信贷机构的贷款等，还有硬通货——黄金。国债、机构债主要是为国内的基础设施建设、国防开支、教科文卫支出等项目融资，MBS 是为本国住房市场融资，对信贷机构的贷款主要也是由商业银行再贷款给国内的工商企业，促进本国经济发展。总之，强势货币国家货币的发行基础是"综合国力"。

　　我国以外汇为资产发行基础货币的现状主要是由我国长期以来实行的"强制结售汇"制度造成的。"强制结售汇"制度作为外汇短缺时代的制度安排，是指居民取得的外汇收入必须卖给国家指定的金融机构，使用时再从国家指定的金融机构购买，居民没有保留外汇、使用外汇的自主权。近十年来，随着涉外经济快速发展，我国在国际贸易中一直是"顺差"，国际收支的主要矛盾逐渐由过去的外汇短缺转为外汇储备快速增长。虽然 2008 年修订后的《外汇管理条例》指出，企业和个人可以按规定保留外汇或者将外汇卖给银行，2009 年涉及"强制结售汇"的规范性文件被宣布废止、失效或修订，强制"结售汇政策"法规已失去效力[①]，但是最近几年，"强制结售汇"制度导致国内金融机构的外汇占款大幅增加，中国人民银行用于购买外汇的人民币数量（以外汇为资产投放的基础货币）增加，导致我国的货币政策十分被动。

　　近年来，中国的经济实力和在全球的政治影响都在不断增强，人民币在国际

———————————

① 《强制结售汇制度退出历史舞台　企业和个人可自主保留外汇收入》（国家外汇管理局，2012-04-16）。

上的地位显然与中国在国际政治、经济中所处的地位尚不相符。我国一直推动"人民币国际化",也采取了一些具体措施,包括发展离岸人民币市场、与多国进行货币互换、推进跨境贸易人民币结算等,但试想,一个以"外国资产"为货币发行基础的货币怎么可能成为"国际货币"?

我们在推进"人民币国际化"的同时,也应该逐步调整人民币赖以发行的基础,即中国人民银行资产负债表中资产方的构成,逐步降低外汇资产所占的比例,增持国内资产,在此过程中,中央银行应注重选取资产价格变动对货币政策最终目标(物价稳定、经济增长)有直接影响的优质资产,如国债和以本国优质实物资产为基础发行的有价证券。如果 PHITs 持有位置较好的优质公租房资产,未来可产生稳定的租金收益,中央银行可考虑持有 PHITs 资产。

2015 年 1 月,住建部发布《关于加快培育和发展住房租赁市场的指导意见》,允许各地政府回购商品房作为公租房,开发商也可以自行经营租赁,且可以将租赁房打包为 REITs 进行融资。利用 REITs 为公租房融资与林左鸣和闫妍(2012)提出的发展公共住房信托投资基金,思路相同。当有稳定现金流的公共住房信托投资基金发展成熟后,中央银行可考虑增持部分公共住房信托投资基金,并以此为基础投放基础货币。

本 章 小 结

本章分析了美国和日本的货币政策创新,金融危机后,美联储在公开市场操作中买入 MBS,日本央行在公开市场操作中买入公司债、REITs 等有价证券,定向增加某一具体领域的流动性,降低其融资成本,支持特定领域的发展,从而实现促进整体经济复苏的目的。两个经济强国不约而同地选择了在公开市场操作中买入房地产金融衍生品,原因如下:一是房地产在货币政策传导机制中具有重要的作用,货币政策操作工具对房价产生影响,而房价通过财富效应等渠道又对货币政策的最终目标产生影响;二是房地产的产业链长,上下游拉动几十个产业的发展,其产业带动性强,房地产市场的复苏有利于国家整体经济的复苏;三是央行买入房地产金融衍生品,通过降低住房融资成本支持房地产市场发展,带动经济复苏,可以增加政府税收收入,而如果政府发债,中央银行增持国债,则国债利息支出增加,国家的财政支出增加,财政赤字上升。

伯南克多年的研究积累使得他在金融危机后迅速作出判断,大量买入以个人住房抵押贷款为支持的 MBS,美联储资产负债表中 MBS 在资产方从无到有。这也使我们受到启发如何"盘活存量货币,用好增量货币":应该大力发展资产证券化产品,并允许中央银行对其进行公开市场操作,使人民币发行的基础从外国资产(以美元资产为主)逐步转变为本国资产,改善我国央行的资产负债表。

　　PHITs 等资产支持证券的收益率高于银行存款，将会吸引企业个人投资者、养老基金、社保基金等将存量货币投入购买收益稳健、期限较长的资产证券化产品，从而"**盘活存量货币**"。中央银行买入拟重点支持行业或领域的资产支持证券，降低其融资成本，同时，卖出不予支持领域（如需淘汰的落后产能、高污染行业等）的资产支持证券，提高其融资成本，"**用好增量货币**"，更好地发挥货币政策的调控作用。

第九章　研究结论与政策建议

本书主要研究公共租赁住房的发展和融资问题。通过对全国 20 个城市公租房的发展现状进行调研，我们将公租房在发展中遇到的问题总结为以下四点：第一，公租房质量问题，我们调研的多数公租房项目质量较好，群众满意度较高，但是仍然发现一些公租房和廉租房项目的质量较差；第二，公租房社区距离城市中心区较远，配套设施不完善，由于公租房远离城市中心区，各城市都比较注重解决公租房社区的公共交通问题，公租房社区周边缺乏优质的教育和医疗资源；第三，市建公租房与区县级政府建设的公租房在质量和配套设施等方面存在一定差异；第四，公租房社区存在公租房转租现象，相关方面监管还不到位。其中，前两个问题也是导致部分公租房社区入住率低、出现空置现象的原因。结合实地调研、模型分析和文献调研，本书对我国公共租赁住房的发展有以下四点建议。

第一，在国内重点城市推广"公租房运营公司"的模式，搭建私人租赁房源和公租房需求对接的平台。"以租代建""以租代购"可以降低政府提供公租房的成本，有效利用现有房源解决群众的住房问题，节约大城市原本稀缺的土地资源；同时，私人房源位置分散，如果作为公租房出租，可以避免中低收入家庭在局部聚集及未来可能引发的"贫民窟"现象。

第二，发展"混合收入社区"，不再提倡大规模、单一类型的公共租赁住房（尤其是廉租房）社区建设。在经济适用住房、限价房和普通商品住房项目中配建一定比例的公共租赁住房，并且保证公租房与同一小区中其他类型住房的设计风格一致。政府在划拨保障房用地的时候，可以允许一定比例的土地用于商业用途，建设保障房社区配套的商业设施，如便利店、停车场、小型百货商店等，补充公租房的资金来源。

第三，当公租房达到一定数量后，对公租房的财政补贴逐步由"补砖头"过渡为"补人头"。"补人头"主要是补"租金差"，"租金差"为家庭收入的一定比例与公共租赁住房租金之间的差。通过发放住房选择代金券鼓励中低收入家庭到市场上租房，分散中低收入家庭的居住地，提倡混合收入居住，避免城市中低收入家庭在某一地区的过度集中及可能导致的"贫民窟"现象。

第四，完善公租房监督管理体系，加快出台《住房保障法》，提高公租房的"骗租"成本。尽快在修改和完善《基本住房保障条例》的基础上，出台《住房保障法》，从法律层面对不符合保障房申请条件的申请人的非法牟利行为"依法论罪"，提高保障房的"骗购"、"骗租"和"转租"成本，确保各类保障性住房的公平分配。

通过实地调研、文献调研和分析，我们总结归纳了目前我国公租房融资中出现的问题：第一，政府出资比例过高，增加了市区（县）两级财政的压力；第二，资金沉淀期过长，难以在短期内回收资金，资金占用量大、投资回报率低，对社会资金缺乏吸引力；第三，政策吸引力不足，一些公司不愿涉足公租房的建设；第四，金融工具缺乏，市场化融资程度过低；第五，资金募集和资金使用存在期限上的错配，公租房的投资回收期长达 20～30 年，但是目前商业贷款及中期票据、短期融资券等债券工具的资金偿还期限较短，通常不超过 5 年。

因此，本书希望寻找到将政府担保、企业运营、市场融资相结合的长期融资模式为公租房融资。提出建立公共住房投资信托基金，为了保证 PHITs 的安全性、收益性和流动性，PHITs 的运作有三个要点：第一，PHITs 通过建设或购买，持有公共租赁住房的物业资产，并负责后期运营、维护和管理，公共住房的产业投资基金 PHITs 以公租房未来收益权为基础资产发行 PHITs 有价证券；第二，PHITs 在证券交易所上市交易，股息收益来自于公租房承租人支付的租金和政府对部分低收入承租人的补贴，政府对 PHITs 给予税收优惠；第三，中央银行可以对 PHITs 进行公开市场操作。发展 PHITs 的意义主要有以下四点。

第一，有助于扩大公租房的资金来源，使更多的投资者把分散的资金汇聚在一起，直接投资于公租房的建设和管理。PHITs 是收益相对稳定的固定收益证券，发展 PHITs 可吸引个人投资者、机构投资者、养老基金、社保基金等长期投资者，为存量货币增加直接投资的渠道，促进"盘活存量货币"。

第二，有助于拓宽投资渠道。我国可以继续维持现行在大城市对商品住房的限购政策，而放开发展公租房，"限购不限租"，也就是说，将部分希望投资房地产市场的资金，引入到以公租房为基础资产的金融产品交易市场。

第三，有助于缓解地方政府的巨额债务负担。近年来，保障房、基础设施建设等投资使地方政府债台高筑，发展 PHITs 等长期资产证券化产品可以汇集社会资金，为"民生"项目融资，减轻地方政府的财政负担。

第四，对公租房等优质"民生工程"的预期现金流进行资产证券化，扩大了中央银行购买资产的选择范围。2008 年金融危机后，美国和日本的中央银行在公开市场操作中买入 MBS、REITs 等证券化产品，给我们启示：定向购买某个领域的资产证券化产品，相当于向该领域提供流动性，从而降低该领域的融资成本，支持特定领域的发展，有助于"用好增量货币，提高货币的利用效率"。因此，发展 PHITs 等以国内资产为基础的优质资产证券化产品将扩大中央银行购买资产的选择范围，使人民币发行基础逐步由国外资产为多数，转变为以国内资产为主。

目前，经济下行，国家税收收入增幅大幅下降；房地产市场风光不再，地方政府靠卖地获得财政收入的模式不可为继。该如何引入私人资金为公共产品筹集资金是中国社会正在面临并必须解决的问题，本书谈到用公共住房信托投资基金为公共住房融资，但是对公共住房信托投资基金的详细管理办法和国家应给予的税收优惠讨论不多，需进一步深入研究。

由于学识和掌握的信息所限，本书在笔者能力范围内对公共租赁住房的发展和融资模式进行了探讨，不妥之处也请各位专家学者和同仁批评指正！

最后，感谢在本书写作过程中给予我极大支持的各位专家和参与公租房实地调研的同学们！感谢国家自然科学基金、中科院青年创新促进会基金、中国科学院大数据挖掘与知识管理重点实验室开放课题的支持！

参 考 文 献

巴曙松. 2006a. 廉租房融资的国际经验. 华人世界,(10).

巴曙松. 2006b. 中国廉租房的融资特征及其发展路径研究（上）. 中国房地产,(9).

巴曙松, 张旭, 王淼. 2006. 中国廉租房的融资特征及其发展路径研究. 西南金融, 10.

蔡晓春, 罗江华. 2008. 通货膨胀与商品住房价格波动的协整关系研究. 统计与决策, 18.

成楠, 梅昀. 2010. 廉租房建设的新型融资模式. 中国房地产,（5）.

成思危, 等. 1999. 中国城镇住房制度改革：目标模式与实施难点. 北京：民主与建设出版社.

邓琳, 闫妍, 朱晓武, 等. 2015. 基于 agent-based model 的住房市场演化问题研究. 系统工程理论与实践, 35（7）.

丁晨, 屠梅曾. 2007. 论房价在货币政策传导机制中的作用. 数量经济技术经济研究, 11.

董藩, 文伟. 2010. 基于 AHP 的廉租房融资模式研究. 中南民族大学学报（自然科学版）, 2.

董宇辉. 2010. ABS 融资模式在廉租房建设中的应用. 合作经济与科技, 19.

杜辉. 2012. 探索公租房投融资创新模式. 中国房地产, 12.

恩格斯. 1872. 论住宅问题//马克思恩格斯全集. 第 18 卷. 北京：人民出版社.

冯志艳. 2011. 房地产投资信托基金在我国公租房建设中的应用. 改革与战略. 10（27）.

耿博文. 2011-07-01. 北京市公共租赁住房建设投资中心揭牌. 北京日报.

郭建鸾. 2008. 我国廉租房融资困境及其模式创新. 中国金融,（11）.

韩函. 2011. 租赁型保障房建设资金来源问题研究. 华中师范大学学位论文.

韩林. 2011. ABS 融资引入公租房建设的适用性研究. 合作经济与科技, 6.

胡金星, 卢雅. 2009. 我国廉租房融资来源现状、问题与对策研究. 中国房地产金融,（8）.

胡冉. 2009. 我国货币供给量变动对房价的动态影响分析. 统计与决策, 23.

李德正. 2010. 浅析利用 BOT 融资方式建设公共租赁住房. 经济与社会发展,（8）.

李倩倩. 2009. 廉租住房 PPP 项目的风险分担研究. 西南交通大学学位论文.

李治国, 吴凯. 2011-07-19. 上海公共租赁住房建设创新融资模式. 经济日报.

林左鸣. 2012. 广义虚拟经济论文集 2. 北京：北京航空工业出版社.

林左鸣, 闫妍. 2012a. 从 QE 看公租房作为法定财富标志的可行性. 广义虚拟经济研究, 4.

林左鸣, 闫妍. 2012b. 论法定财富标志的缺位与重建. 广义虚拟经济, 3（2）.

林左鸣, 闫妍. 2013. 基于公共住房投资信托基金（PHITs）的法定财富标志设计, 管理评论, 11.

刘颖, 何军. 2012. 论公租房建设中的融资困境及其解决路径. 财会研究, 7.

刘展超. 2011-06-02. 两部委发文严令土地出让净收益 10% 建保障房. 第一财经日报（上海）.

马庆斌. 2010. 公共租赁住房的国际经验借鉴和政策启示. 宏观经济管理, 10.

聂梅生. 2006. 用信托为廉租住房建设提供资金. 城市开发, 3.

庞元. 2011. 创新公租房投融资制度的探索与思考. 中国房地产, 1.

齐骥. 2011. 建设公共租赁住房可以有多种模式. 城市开发, 6.

宋祥来. 2011. 房地产税改革对公租房制度的政策支持分析. 中国房地产, 2.

苏勇, 黄志勇. 2011. 小产权房转化为保障性住房的路径选择. 现代经济探讨, 2.

田浩. 2010. 住房公积金建设公共租赁住房初探. 中国建设信息, 8.

王婧文. 2007. 房地产价格波动与通货膨胀预期. 浙江大学学位论文.

王琨. 2012. 公租房建设运行的企业参与模式研究. 建筑经济, 10.

王乾坤, 王淑嫱. 2007. PPP 模式在廉租房项目中的应用研究. 建筑经济, (10).

王松涛, 刘洪玉. 2009. 以住房市场为载体的货币政策传导机制研究: SVAR 模型的一个应用. 数量经济技术经济研究, 10.

王维安, 贺聪. 2005. 房地产价格与货币供求: 经验事实与理论假说. 财经研究, 5.

王玉光. 2011. "零地价" 公租房. 财经国家周刊.

闫妍. 2007. 低收入住房税收优惠证: 美国廉租房发展的金融激励机制. 北京规划建设, 4.

闫妍. 2008. 中国房地产市场复杂性的分层次研究. 中国科学院学位论文.

闫妍. 2014. 我国公共租赁住房的融资模式与发展模式研究. 国家信息中心博士后出站报告.

闫妍, 成思危. 2008. 我国商品住宅参比成本研究. 中国软科学, 6.

闫妍, 薛欣, 朱晓武. 2011. 房地产及其金融衍生品的虚拟价值研究. 广义虚拟经济研究, 3.

杨绍萍. 2010. 运用 REITs 模式发展我国公共租赁住房的路径研究. 中国金融, 17.

杨芝锦. 2008. 廉租房融资的国际经验及其对我国的启示. 北京房地产, 6.

姚玲珍, 张小勇. 2009. 公共租赁住宅体系的剖析与借鉴. 消费经济, 25 (3).

佚名. 2009-10-16. 公积金贷款支持公共租赁住房建设试点意见发布. 新华网.

佚名. 2010-03-20. 日本: 实行 "公司内贷款制度" 利率不足 3%. 新华网.

张桂玲. 2012. 公租房地产信托投资基金融资模式构建. 对外经贸, 4.

张鹏. 2012-09-24. 资产支持票据: 公租房融资的新选项. 经济参考报.

张日芬. 2012. 基于 PIPP 模式的公租房融资模式研究. 重庆大学学位论文.

张巍, 杨莹. 2010. REITs 在我国城镇廉租房建设中的运作模式研究, 建筑经济, 7.

张宇新, 刘伟. 2007. 廉租房融资渠道分析: BOT 模式的运用. 经济论坛, 7.

赵财福, 赵小红. 2004. 房地产估价. 上海: 同济大学出版社.

中国人民银行货币政策分析小组. 2012. 中国货币政策执行报告二〇一二年第一季度.

周其仁. 2007-12-03. 世界上有 "非结构性的" 通货膨胀吗? 经济观察报.

Fabozzi F J. 2004. 房产抵押贷款证券手册. 第 5 版. 俞卓菁译. 上海: 上海人民出版社.

MeKenzie D J, BettS R M. 2009. 不动产经济学. 北京: 中国人民大学出版社.

Samuelson P A, Nordhaus W D. 2008. 经济学. 萧琛主译. 北京: 人民邮电出版社.

Savas E S. 2002. 民营化与公私部门的合伙关系. 北京: 中国人民大学出版社.

Su H C, Erickson J, Wang K. 2004. 房地产投资信托结构、绩效与投资机会. 北京: 经济科学出版社.

Wurtzebach C H, Miles M E, Cannon S E. 2001. 现代不动产. 北京: 中国人民大学出版社.

Aldridge S. 2004. Life Chances and Social Mobility: An Overview of the Evidence. London: Prime Minister's Strategy Unit.

Allen C, Carmina M, Casey R, et al. 2005. Mixed Tenure, Twenty Years On: Nothing out of the Ordinary. Chartered Institute of Housing and Joseph Rowntree Foundation.

Anari A, Kolari J. 2002. Housing prices and inflation. Real Estate Economic, 30(1).

Austin P M. 2008. Public private partnerships for funding affordable housing development in New Zealand. University of Auckland.

Bailey N, Haworth A, Manzi T, et al. 2006. Creating and Sustaining Mixed Income Communities: A Good Practice Guide. First published by the Chartered Institute of Housing with Joseph Rowntree Foundation.

Bank of Japan.2010-11-05. Statement on Monetary Policy. www.boj.or.jp/en/.

Bank of Japan. 2012-10-30. Enhancement of Monetary Easing. www.boj.or.jp/en/.

Bank of Japan. 2013-05-22. Statement on Monetary Policy. www.boj.or.jp/en/.

Bargigli L, Tedeschi G. 2014.Interaction in agent-based economics: A survey on the network approach. Physica A: Statistical Mechanics and its Applications, 399(0).

Benard S, Willer R. 2007. A wealth and status-based model of residential segregation. Mathematical Sociology, 31(2).

Benenson I, Hatna E. 2011.Minority–majority relations in the schelling model of residential dynamics. Geographical Analysis, 43(3).

Bernanke B S,Gertler M M. 2001.Should central banks respond to movements in asset prices? The American Economic Review, 91(2).

Bernard S, Willer R A. 2007.Wealth and status-based model of residential segregation. The Journal of Mathematical Sociology, 31(2).

Berube A. 2005. Mixed Communities in England: A US Perspective on Evidence and Policy Prospects. Joseph Rowntree Foundation.

Bickford A,Massey D. 1991.Segregation in the second ghetto: Racial and ethnic segregation in American public housing, 1977. Social Forces, 69.

Board of Governors of the Federal Reserve System. 2012. Federal Reserve System Monthly Report on Credit and Liquidity Programs and the Balance Sheet, April.

Board of Governors of the Federal Reserve System.2013-02-26. Monetary Policy Report. www.federalreserve.gov.

Brophy P,Smith R. 1997.Mixed-income housing: Factors for success. Cityscape, 3(2).

Bruch E E. 2006. Residential mobility, income inequality, and race/ethnic segregation in Los Angeles. Population Association of AmericaAnnual Meeting Program, Los Angeles, USA.

Burman L E.1992.The Cost-Effectiveness of the Low-Income Housing Tax Credit Compared With Housing Vouchers. CBO Staff Memorandum，Congressional Budget Office.

Buron L, Popkin S, Levy D, et al. 2002. The HOPE VI Resident Tracking Study. Washington. DC: The Urban Institute.

Case K E, Shiller R J. 2003.Is there a bubble in the housing market? Brookings Papers on Economic Activity, 2.

Chen H, Cúrdia V, Ferrero A. 2012.The macroeconomic effects of large-scale asset purchase programs. Economic Journal, 122(564).

Cheshire P, Sheppard S. 2003.Capitalised in the Housing Market or How We Pay for Free Schools: the Impact of Housing Supply Constraints andUncertainty, presented to the Royal Geography Society's Annual Conference, September.

Climaco C, Chiarenza G, Finkel M. 2006. HUD National Low Income Housing Tax Credit (LIHTC) Database: Projects Placed in Service through 2004. Final Report of Abt Associates Inc.

Communities and Local Government. 2006.Planning Policy Statement 3 (PPS3): Housing. Communities and Local Government: London.

Council of Mortgage Lenders. 2002.Response by the Council of Mortgage Lendersto the House of Commons Select Committee on Transport, Local Government andthe Regions, Urban Affairs Sub-committee.

D'Amico S, King T. 2010. Flow and stock effects of large-scale treasury purchases. Finance and Economics DiscussionSeries Paper No. 2010-52. www.federalreserve.gov.

D'Amico S, King T B. 2013. Flow and stock effects of large-scale treasury purchases: evidence on the importance of local supply. Journal of Financial Economics, 108(2).

Dickens R，Ellwood D. 2001. Whither Poverty in Great Britain and theUnited States? The Determinants of Changing Poverty and Whether Work Will Work. Cambridge, MA: JFK School of Government Faculty Research Working PapersSeries.

Dorling D，Rees P A. 2003.Nation still dividing: the british census and social polarization. Environment and Planning, 35(7).

Droste C, Knorr-Siedow T. 2007. Social Housing in Germany. A section in the Social Housing in Europe, Edited by Christine Whitehead and Kathleen Scanlon, Published by LSE London, London School of Economics and Political Science.

Duncan O D, Duncan B A. 1955.Methodological analysis of segregation indexes. American Sociological Review, 20(2).

Eitle D, D'Alessio S J,Stolzenberg L. 2006. Economic segregation, race, and homicide. Social Science Quarterly, 87(3).

Faggio G,Nickell S. 2003. The Rise in Inactivity among Adult Men// Dickens R, Gregg P,Wadsworth J. The Labour Market under New Labour: The State of Working Britain II. London: LSE Centre for Economic Performance.

Federal Housing Finance Agency. 2013. U.S. House Prices Rose 1.9 Percent in First Quarter 2013.

Federal Reserve. 2008-11-25.Press Release.www.federalreserve.gov.

Forrest R,Murie A. 1988. Selling the Welfare State: The Privatisation of Public Housing. London: Routledge.

Gagnon J, Raskin M, Remache J, et al. 2011.The financial market effects of the federalreserve's large-scale asset purchases. International Journal of Central Banking, 7(1).

Gauvin L, Vignes A, Nadal J. 2013.Modeling urban housing market dynamics: Can the socio-spatial segregation preserve some social diversity? Journal of Economic Dynamics and Control, 37(7).

Gibb K, Munro M, Satsangi M. 1999. Housing Finance in the UK: an Introduction, Basingstoke, Macmillan.

Gibb K. 2002. Trends and change in social housing finance and provision with the european union. Housing Studies, 17(2).

Gibbons S,Manning A. 2006.The incidence of UK housing benefit: evidence from the 1990s reforms. Journal of Public Economics, 90 (4-5).

Glomm G,Lagunoff R A. 1998.Tiebout theory of public vs. private provision of collective goods. Journal of Public Economics, 68(1).

Goodhart C. 2001. What weight should be given to asset prices in the measurement of inflation? The Economic Journal, 111.

Goodhart C, Hofmann B. 2000.Do asset prices help to predict consumer price inflation? Manchester School, 6.

Greenwood R, Vayanos D. 2010.Price pressure in the government bond market. American Economic Review, 100.

Grigsby W G. 1990.Housing finance and subsidies in the United States. Urban studies, 27(6).

Haase D, Lautenbach S, Seppelt R. 2010.Modeling and simulating residential mobility in a shrinking city using an agent-based approach. Environmental Modelling & Software, 25(10).

Hardman A,Ioannides Y. 2004.Neighbors' income distribution: economic segregation and mixing in US urban neighborhoods. Journal of Housing Economics, 13(4).

Harsman B，Quigley J M. 1995.The spatial segregation of ethnic and demographic groups: Comparative evidence from Stockholm and San Francisco. Joumal of Urban Eeonomies，37.

Hills J. 2007. Ends and Means: the Future Roles of Social Housing in England, London, CASE, LSE.

Huang Q, Parker D C, Sun S. 2013. Effects of agent heterogeneity in the presence of a land-market: A systematic test in an agent-based laboratory. Computers, Environment and Urban Systems, 41.

Iacoviello M, Minetti R. 2008. The credit channel of monetary policy: evidence from the housing market. Journal of Macroeconomics, 30(1).

Ibem E O. 2011.The contribution of Public–Private Partnerships (PPPs) to improving accessibility of low-income earners to housing in southern Nigeria. Journal of Housing and the Built Environment，26(2).

Jupp B. 1999. Living Together: Community Life on Mixed Tenure Estates. London: Demos.

Karley N K. 2002. The mortgage backed securities market in the U.K. Developments over the last years. Housing Finance International, (10).

Kearns A, Parks A. 2002.Public Opinion for Policy? Housing, Neighbourhoods and Communities in Scotland. Research Paper 9. Bristol: ESRC Centre for Neighbourhood.

Kimm P M.1987.Housing Progress in Developing Countries Proceedings of the Second International Shelter Conference and Vienna Recommendations on Shelter and Urban Development. Washington：National Association of Realtors.

Kleinman M. 1995.Meeting Housing Needs through the Market: An assessment of housing policies and the Supply/Demand balance in France and Great Britain. Housing Studies,10.

Laferrere A,Blanc D L. 2004.How do housing allowances affect rents? An empirical analysis of the French case．Journal of Housing Economics，13(1).

Larry O, Feins J D, Jacob R, et al. 2003. Moving to Opportunity Interim Impacts Evaluation. Washington, DC: U.S. Department of Housing and Urban Development.

Lastrapes W D. 2002. The Real Price of Housing and Money Supply Shocks: Time Series Evidence and Theoretical Simulations. Journal of Housing Economics,11(1).

Levy-Vroelant C. 2007.Social Housing in France. A section in the Social Housing in Europe, Edited by Christine Whitehead and Kathleen Scanlon, Published by LSE London, London School of Economics and Political Science.

Lyddy C, Ross M, Singer A. 2005. Migrationto Prince George's County in the late 1990s. Washington, DC: Brookings Institution.

Malpass P. 2000.Housing Associations and Housing Policy: a Historical Perspective, Basingstoke, Macmillan.

Malpass P, Murie A. 1999. Housing Policy and Practice, 5th Edition. London: Palgrave Macmillan.

Massey D S,Fisher M J. 2003. The Geography of Inequality in the United States, 1950-2000// Gale W G, Pack J R. Brookings-Wharton Papers on Urban Affairs. Washington, DC: Brookings Institution Press.

McKenzie D J,Betts R M. 1992. Essentials of Real Estate Economics. Prentice Hall.

Meen G, Gibb K, Goody J, et al.2005. Economic Segregation in England: Causes, Consequences and Policy. Published by Joseph Rowntree Foundation.

Minow M. 2003.Public and private partnership: accounting for new religion. Harvard Law Review, 116.

Mishkin F S.2007.Housing and the Monetary Transmission Mechanism. Prepared for Federal Reserve Bank of Kansas City's 2007 Jackson Hole Symposium.

NAREIT. 2013.The Investor's Guide to REITs. NAREIT's Guide to the Real Estate Investment Trust Industry. Published by National Association of Real Estate Investment Trusts.

Narron F. 2004.The evolution of the low-income housing tax credit and the boom in affordable housing. Real Estate Finance, 21(4).

National Commission on Severely Distressed Public Housing. 1992. Final Report to Congress and the Secretary of Housing and Urban Development. Washington, DC: National Commission on Severely Distressed Public Housing.

NCREIF. 2012.Executive Summary2Q 2012. Published by National Council of Real Estate Investment Fiduciaries. www.ncreif.org.

Newman O. 1996.Creating Defensible Space. Washington, DC: U.S. Department of Housing and Urban Development, Office of Policy Development and Research.

Nolden S, Climaco C, Finkel M. 2000. Updating the Low Income Housing Tax Credit (LIHTC) Database. Final Report of Abt Associates Inc.

ODPM. 2003a. Private Finance Initiative schemes for HRA/non HRA Housing. Indicative guidance for authorities making proposals.

ODPM. 2003b.Sustainable Communities: Building for the Future.

ODPM. 2003c.Tackling Anti-social Behaviour in Mixed Tenure Areas. London: ODPM.

ODPM. 2005. Planning for Housing Provision: Consultation Paper for Proposed Changes to PPG3: Housing. London: ODPM.

Ohls J C. 1975.Public policy toward low income housing and filtering in housing markets. Journal of Urban Economics,2 (April).

ONS (Office of National Statistics). 2004.Social Trends 34: 2004 Edition. London: ONS.

O'Sullivan R. 2008. Housing prices in the measurement of inflation in the Euro area. Contemporary Economic Policy, 26(2).

Page D. 1993. Building for Communities: A Study of New Housing Association Estates. York: Joseph Rowntree Foundation.

Popkin S J, Bruce K, Cunningham M K,et al. 2004. A Decade of HOPE VI Research Findings and Policy Challenges. Washington: Urban Institute.

Prime Minister's Strategy Unit and ODPM. 2005. Improving the Prospects of PeopleLiving in Areas of Multiple Deprivation in England. London: Prime Minister's StrategyUnit and ODPM.

REUTERS.2013-06-15. BOJ's REITs purchase to exceed previous estimate. http://www.reuters.com/article/2013/06/15/us-japan-economy-boj-idUSBRE95E04M20130615.

Robinson P. 2004.The Scale of the UK's Regional Problem, presentation to IPPR 'Closing the gap' conference.

Rowlands R, Murie A,Tice A. 2006.More Than Tenure Mix: Developer and Purchaser Attitudes to New Housing Estates. Coventry: Chartered Institute of Housing and Joseph Rowntree Foundation.

Shirazi A S, Davison T, von Mammen S,et al. 2014.Adaptive agent abstractions to speed up spatial agent-based simulations. Simulation Modelling Practice and Theory, 40(0).

Schelling T C. 1969.Models of segregation. The American Economic Review, 59(2).

Sellon G H, Nahmen D V. 1988. The securitization of housing finance. Economic Review, (7).

Sigle-Rushton W.2004.Intergeneration and Life-course Transmission of SocialExclusion in the 1970 British Cohort Study. London: LSE Centre for the Analysis of Social Exclusion.

Social Exclusion Unit. 1998. Bringing Britain Together: A National Strategy for Neighbourhood Renewal. Presented to Parliament by the Prime Minister by Command of Her Majesty.

Solomon R. 2006.The 2006 Public Housing Finance update. Journal of Housing and Community Development,63(5).

Stone M E. 2003.Social Housing in the UK and US: Evolution, Issues and Prospects. ISBN/ISSN 978-1-904158-72-1, Publications.

Swanstrom T, Casey C, Flack R. 2004. PullingApart: Economic Segregation in US Metropolitan Areas 1980–2000. Washington, DC: Brookings Institution.

Tunstall R, Lupton R. 2003.Is Targeting Deprived Areas an EffectiveMeans to Reach Poor People? An Assessment of One Rationale for Area-basedFunding Programmes. CASE Paper 70. London: Centre for the Analysis of SocialExclusion.

Tunstall R,Fenton A. 2006.In the Mix: Mixed Income, Mixed Tenure, Mixed Communities: What Do We Know? A Review of the Evidence. London: Housing Corporation, English Partnerships, Joseph Rowntree Foundation.

U.S. General Accounting Office. 2002. Public Housing—HOPE VI Leveraging Has Increased, but HUD Has Not Met Annual Reporting Requiremen. Washington, DC: U.S. General Accounting Office.

U.S. General Accounting Office. 2003. Public Housing—HOPE VI Resident Issues and Changes in Neighborhoods Surrounding Grant Sites.

Urban Task Force. 2005.Towards a Strong Urban Renaissance. London: Urban Task Force.

Vickery J, Wright J. 2010.TBA Trading and Liquidity in the Agency MBS Market. Federal Reserve Bank of New York Staff Reports, no. 468. August.

Werna E. 1999.Modes of Low-Income Housing Provision in Washington, D.C.: A Comparative Look at Policymaking for Developing Countries. Washington: Woodrow Wilson International Center for Scholars.

Whitehead C. 2007 .Social Housing in England. A section in the Social Housing in Europe//Christine Whitehead and Kathleen Scanlon.Published by LSE London, London School of Economics and Political Science.

Zielenbach S. 2002. The Economic Impacts of HOPE VI on Neighborhoods. Washington: Housing Research Foundation. http://www.housingresearch.org.